ケーキデコレーションテクニック

本書は、誕生日や結婚式をはじめとする記念日を祝う、
アニバーサリーケーキのアイデア集です。
パイピング、マジパン、アメ細工、シュガークラフトなど多彩な技術を活用した、
人気店（教室）のデコレーションケーキと、デコレーションテクニックを紹介します。

03	「パーラー ローレル」に学ぶ**パイピングで描く可憐な花のデコレーション**	24
04	「レーブ ドゥ シェフ」に教わる**マジパンデコレーション**	30
05	「マミーシュガーアート」の**シュガークラフト教室**	38
06	「ルワンジュ トウキョー」の**ゴージャスなパーティーケーキ**	46
07	「菓子工房 ルーヴ」の**オリジナルウェディングケーキ**	54
08	「ラトリエ・ドゥ・マッサ」の**アイデアデコレーション**	60
09	「ラ・プティ・シェリー」の**マカロンたっぷりプチアントルメ**	64
10	「ル・カフェ・マミィ」の**カフェのバースデーケーキ**	68
11	「ニューヨーク カップケーキ」の**カップケーキデザイン**	74
12	「マイルストーン」の**立体デコレーションケーキに注目！**	78
13	「鎌倉ニュージャーマン」の**数字の形のオーダーメイドケーキ**	82
14	クラシックとモダンの融合　**パリのアントルメ＆プチガトー**　84 「ダロワイヨ」「カフェ プーシキン」	
15	カラフルでキュート！　**ニューヨークのデコレーション**　90 「トゥー リトル レッド ヘンズ」「ミミカフェ ユニオン」	

掲載店(教室)紹介　94

［デザイン］田坂隆将、大野如子、松尾美枝子
［撮影］高島不二男、うらべひでふみ、海老原俊之、坂上正治、高木大輔、夫馬潤子、天方晴子、長瀬ゆかり、赤平純一
［取材・編集］黒木　純、諸隈のぞみ、瀬戸理恵子、横山せつ子、植田唯起子、河森理恵、松野玲子、三富千秋、坂本真理

01

「浦和ロイヤルパインズホテル」の
ショートケーキデコレーション

ホテルならではのクオリティーと親しみのある菓子づくりで地元客の信頼を集める「浦和ロイヤルパインズホテル」。ペストリーショップでもウェディングケーキでも不動の一番人気はショートケーキ。長年愛されてきた定番のデコレーション法を教えていただきました。

1999年のホテル開業以来、製菓・製パン料理長を務めてきた朝田晋平さん（左）からバトンを受け、2011年9月、柴山恵《めぐむ》生さん（右）がチーフに就任する予定。地元客に愛される菓子づくりを継承する。

1999年のオープン時から「地元のお客さまに愛される菓子づくり」をコンセプトに、親しみやすいケーキを提供してきた「浦和ロイヤルパインズホテル」。ペストリーショップ「ラ・モーラ」で一番人気のアントルメは、地元埼玉・浦和産のイチゴをたっぷり使ったショートケーキ。スポンジ生地とイチゴとクリームというシンプルな組立てのケーキをドーム形に成形し、縁の部分にキャラメリゼしたアーモンドをデコレーションすることで見た目と味わいに変化をつけているのが、同店のショートケーキの特徴だ。テイクアウトが基本のアントルメを美しく、しかもくずれにくく仕上げるもっとも重要なポイントは「ベースとなるケーキの形をしっかりつくる」こと。クリームは保形性が高く、時間が経過しても変色しにくいコンパウンドタイプを使い、ナッペや絞り出しなど、作業に合った固さにそのつど調整しながら、手早く仕上げていく。オーソドックスなデザインだけに、美しく仕上げるには「クリームの厚みを均一にし、絞り出しの大きさをそろえるなど、細部への気配りが大切」だ。

レシピ、デザインをフルオーダーできるウェディングケーキでも、リクエストの9割以上はショートケーキベース。とくに、クリームとイチゴを使ったシンプルなスタイルの人気が高い。広い会場に飾ることを考慮し、デコレーションはダイナミックに。フルーツ使いやアメ細工、花などで個性を演出する場合も多いという。

定番のショートケーキはドーム形のやわらかなフォルム。共立てのスポンジ生地を厚さ1㎝にカットし、5㎜にスライスしたイチゴとクリームを重ねたあと、3段めの生地の端を手で押さえて丸みを出している。

1 浦和ロイヤルパインズホテルのペストリーショップ「ラ・モーラ」の定番アントルメ「フレジエ」。ドーム形に成形したショートケーキに円錐形に絞ったクリーム、イチゴ、ホワイトチョコレートを飾る。2 しずく形に絞ったクリームがポイント。こんもりと額縁のように仕上げたクリームの内側に色鮮やかなフルーツをたっぷり盛り込んだアレンジバージョン。3 星型とバラ型の口金を使った3種類のクリームの絞りで華やかにデコレーション。

1

2

3

CHECK

クリームの絞り出しには、口径12㎜の丸口金を使用。絞る部分に垂直に口金をあて、直径2㎝ほど絞り出したあと、真上に引いて先をとがらせる。

ペストリーショップでも人気の定番デコレーション

共立てのスポンジ生地を厚さ1㎝、3枚にスライスし、イチゴとクリームをサンド。2段めのクリームを中高に盛り、3段めの生地の端を手で押さえてドーム形に。表面にらせん状の模様を描き、イチゴと円錐形に絞ったクリーム、ホワイトチョコレートでデコレーション。

上／イチゴはさいたま市「美園いちごランド」から直送される朝摘みイチゴを使用。ヘタは水平にカットしておく。右／クリームは乾燥に強いコンパウンドタイプを7分立てに。

「ショートケーキ」の
デコレーションテクニックをチェック！

01

クリームは7分立てにした状態で、ボウルを氷水にあてておく。用途に合わせてボウルの一部を泡立てると作業効率がよく、泡立てすぎも防げる。ナッペ用は9分立てに。

02

2段めにサンドするクリームを中高に盛り、3段めのスポンジの肩の部分を手でなでつけてドーム形に成形。ナッペ用クリームをケーキの中央におき、ぬり広げる。

03

回転台をまわしながらパレットナイフで均一にならす。厚みは約4㎜。クリームを足しつつ側面も同じ厚みに。底にパレットナイフを入れて1周し、余分なクリームを除く。

04

パレットナイフの先を中心部にあて、1時の方向にゆっくり動かしながら、回転台を手前にまわす。動かす方向とスピード、力加減を一定に保ち、らせん状の模様を描く。

05

ケーキをカルトンに移し、シロップで香ばしくキャラメリゼしたアーモンド（16割）を下から1㎝の幅に手でつけていく。余分なアーモンドは手ではらって落とす。

06

ケーキの肩の部分の少し内側にイチゴ10個を盛りつける。最初に2個を対角線上に置き、間に4個を等間隔に並べると、バランスよく仕上がる。

07

8分立てにしたクリームを口径12㎜の丸口金をつけた絞り袋に入れ、イチゴの外側に円錐形に絞っていく。口金を垂直にあてて絞り、力を弱めながら上に引き上げる。

08

回転台をまわしながら円錐形に絞り、1周する。写真の絞りは直径約2㎝。大きさがそろっていれば、サイズは何㎝でもよい。中央にクリームを平らに絞る。

09

中央のクリームの上にホワイトチョコレートを飾る。チョコレートは、ブロックチョコレートをナイフの背で薄く削り、ランダムな線やひだをつくったものを使用。

CHECK

口径12㎜の丸口金を斜めにあててこんもり絞り、斜め下に口金をすべらせるようにスッと引いてしずく形に。側面にパレットナイフをあててならし縁高に仕上げる。

季節のフルーツをたっぷり盛り込んだショートケーキ

厚さ1㎝にスライスした共立てのスポンジ生地にイチゴとクリームをサンド。9分立てにしたクリームで、ケーキ全体を均一にナッペする。厚みの目安は3～4㎜。

パイナップル、マンゴー、キウイ、イチゴ、ブルーベリー、フランボワーズを彩りよく盛りつけ、ホワイトチョコレートと金箔を飾ってカラフルに。ケーキの縁は、クリームをしずく形に絞り、はみ出た部分をパレットナイフでならして縁高に仕上げている。

01

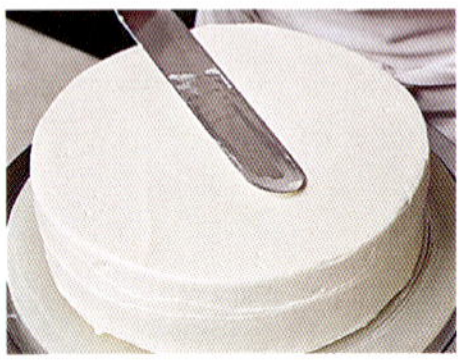

側面にパレットナイフをあてたまま回転台を1周。さらにパレットナイフを上面にすべらせて表面をととのえる。

02

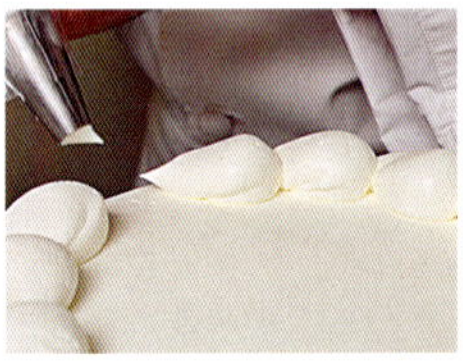

口径12㎜の丸口金をあて、縁からはみ出るくらいにクリームを絞ったのち、手前にスッとすべらせるように引く。

03

側面にパレットナイフをあて、回転台を1周。しずく形のクリームのとび出た部分をならし、クリームの縁をつくる。

04

ケーキをカルトンに移し、シロップでキャラメリゼしたアーモンドをてのひらにのせ、側面に半円形につけていく。

05

厚さ1㎝にカットしたパイナップル、キウイ、マンゴーとイチゴ、フランボワーズ、ブルーベリーを立体的に盛る。

06

ホワイトチョコレートをOPPシートに薄くのばして切り目を入れ、シートをまるめてらせん状に成形したものを飾る。

07

フルーツ、ホワイトチョコレートのところどころに、コルネで少量のナパージュをぬる。

08

ナパージュをぬった部分に、金箔をふんわりとバランスよくつけて完成。

サイドにバラ型の口金でドレープ模様を描き、トップには星口金でローズ形とシェル形を絞った、クラシカルな趣のデコレーション。テンパリングしたホワイトチョコレートでつくったメッセージプレートに、線描き専用チョコレートで文字や模様を描いて仕上げる。

CHECK

10切、口径５㎜の星口金を斜めに構えて直径１㎝ほどクリームを絞り、手前にスッと引いてシェル形に。

CHECK

同じ星口金で中心からくるりと１周円を描き、中心にもどってスッと引いてローズ形に。上には、イチゴを飾る。

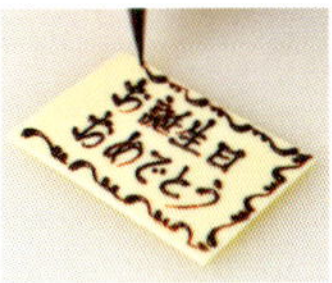

線描き専用チョコでチョコレートプレートにデコレーション。コルネはOPPシートを使用。

CHECK

バラ型の口金（口径27㎜）でドレープ状の模様を描く。口金を小きざみに1㎝ほど2回上下し、3回めに下にすべるように引いてもとの高さにもどる動作をくり返していく。

3種の絞りかたを組み合わせた クラシカルなデコレーション

01

９分立てにしたクリームを全体にぬり、パレットナイフをすべらせて表面をなめらかにととのえる。

02

口金を２回上下し、３回めを長く引く。強くあてると下ぬりが削れ、長く引きすぎるとクリームがたれるので注意。

03

ケーキをカルトンにのせ、下から高さ１㎝くらいの位置まで、シロップでキャラメリゼしたアーモンドをつける。

04

ケーキの上面に、星口金でローズ形を10個絞る。最初に対角線上に２つ絞り、間に４つずつバランスよく絞る。

05

星口金でローズ形の間にシェル形を絞る。口金を斜めに構え、幅に合わせてクリームを絞り、手前下向きにスッと引く。

06

プレートの土台としてケーキ中央にクリームを少量絞る。ローズ形の中心に、ヘタをカットしたイチゴをのせる。

07

２分の１にカットしたイチゴを、ローズ形とシェル形のクリームの内側に立てかけるように並べていく。

08

中央のクリームの上に、ホワイトチョコレートのプレートを立てかけ、削ったホワイトチョコレートを散らす。

純白のクリームにイチゴが映えるウェディングケーキ

直径35cm、25cm、15cmのショートケーキを3段に重ねた一番人気のウェディングケーキ。ケーキは3段とも、厚さ1.5cm、3枚にスライスした生地でイチゴとクリームをサンドしたもの。クリームにつけた斜めのラインとしずく形の絞りでシンプルに仕上げたケーキに、フルーツをリズミカルに飾る。

土台はハート形に焼いたスポンジ生地でつくるショートケーキ。側面にパレットナイフでラインを入れ、クリームで描いたハートの中にイチゴを隙間なく盛り込む。

2品とも土台は3段重ねのショートケーキ。左は、アメ細工を飾り、ブルーベリーをデコレーション。右は、薄くのばしたホワイトチョコレートをソールナイフで削ってつくる巻きチョコを貼りつけ、イチゴを飾ったもの。

01

厚さ1.5㎝のスポンジ生地にイチゴとクリームをサンド。肩の部分に丸みをつけ、クリームを均一にぬったのち、余分をパレットナイフで除く。

02

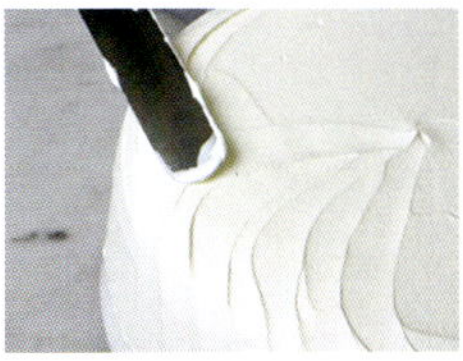

パレットナイフの先3～4㎝を側面のいちばん下にあて、回転台をまわしながら上に動かす。ケーキの中心まですべらせ、表面にラインを描く。

03

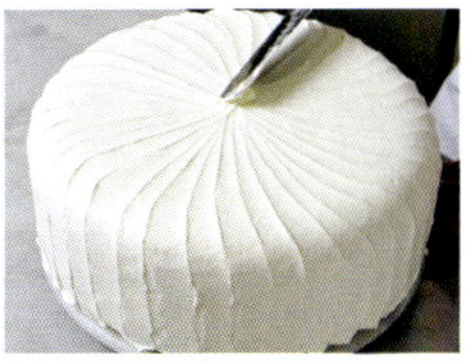

パレットナイフがケーキの中心にくるまで約15度回転台をまわすと斜めのラインができる。前のラインに1㎝ほど重ねながら同じ作業をくり返す。

04

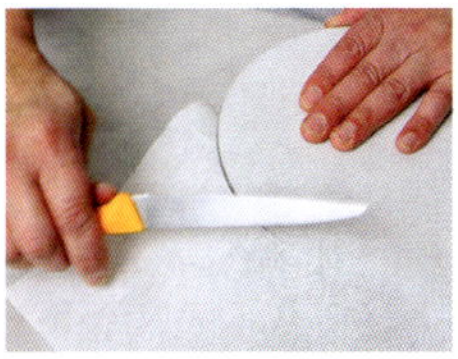

1段めをぬり終えたら、上段の重さでケーキが変形するのを防ぐため、土台を入れる。まずクッキングシートを土台の大きさに合わせて丸くカット。

05

円形に切ったクッキングシートを8等分に折りたたみ、土台の足にあたる部分に切り込みを入れる。

06

土台の足をさし込むための穴をあけたクッキングシート。これをケーキの中央に置く。この上に土台をのせると、はずすときに生地がいたまない。

07

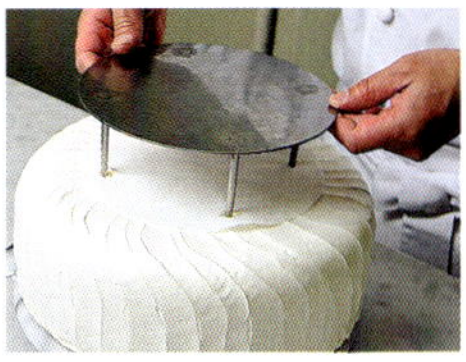

ウェディングケーキの土台用に特注した足つきのステンレス台をクッキングシートの穴に合わせてさし込む。この上に2段めのケーキを重ねる。

08

2段めのケーキにも同様にステンレス台をさし込み、3段めを重ねる。トップにアメ細工やマジパン細工を飾る場合は、3段めにも土台を入れる。

09

ケーキの裾の部分が隠れるように、口径12㎜の丸口金でしずく形を絞る。2段めは1段めの7割、3段めは2段めの7割の大きさに絞る。

10

3段めのケーキの中央にヘタつきのイチゴ、ブルーベリー、フレッシュのフランボワーズをこんもりと飾りつける。

11

2段め、3段めにも3～5ヵ所ずつフルーツを盛りつける。フルーツの数や向きはランダムに。リズミカルに盛りつけて動きを出すのがポイント。

12

純白にフルーツの色が映えるシンプルな仕上がり。お客の要望に応じて、ナパージュや粉糖をかけて仕上げることもある。

02

「アニバーサリー」に学ぶ
ラブリーデコレーション

オーダーメイドのウェディングケーキで知られる「アニバーサリー」。店内にはロマンチックな菓子が、ところ狭しと並んでいます。なかでも目をひくのは、可憐なクリームの花で飾ったデコレーションケーキ。"花の絞り"を中心に、ラブリーなデコレーションの極意を学びます。

パステルカラーで、見た目にもかわいらしい「アニバーサリー」のデコレーションケーキ。手前から、色とりどりの花と、側面の籠模様が印象的な「セ・ジョリ」。フリルがついたピンク色の箱に、白いリボンをかけた「プレゼントBOX」。バラの花とベリーをのせた「リトル・ウェディング」。

オーナーシェフの本橋雅人さん。「スリジェ」(東京・調布)、「マルメゾン」(成城学園前)を経て、「カフェブラン」(銀座)のシェフを5年間務める。その後、シュガークラフトを学ぶため渡英。1990年に帰国し、「アニバーサリー」をオープン。現在、本店の青山店のほか、東京・早稲田、北海道・札幌にも店舗を構える。

ケーキは、たんにおいしいだけでなく、見た目にも美しく、場を楽しくし、喜びや幸せを表現できる特別な食べもの。ウェディングケーキはその代表例だが、20年くらい前まではイミテーションのケーキが使われることがほとんどだったという。「人生最良の日を祝うケーキが、イミテーションではさびしい。やはり本物のケーキで祝うべきです」とオーナーシェフの本橋雅人さん。つくり手として、その思いに胸を熱くしたのが、「アニバーサリー」の原点だった。

青山店では、生菓子約20種類、焼き菓子約50種類を販売するほか、ウェディングケーキをはじめとする、記念日のデコレーションケーキを多数手がけている。同店のケーキは、パステルカラーを基調とした、華やかなデコレーションが特徴だ。「手法はさまざまですが、『セ・ジョリ(=大人かわいい)』がアニバーサリーのケーキのキーワード。手間をいとわず、細かく手をかけ、愛らしい世界をつくり上げています」。

ここでは、クリームの絞りのテクニックを生かしたデコレーションケーキを紹介。とくにバタークリームを使った"花の絞り"のデコレーションは、本橋さんがイギリスで学んだシュガークラフトの手法をとり入れた、アニバーサリーらしいスタイルだ。繊細な花の絞りは一見難しそうに見えるが、「コツさえつかめば、美しく立体的に仕上がります」と本橋さん。数種類の口金を使い分けたり、口金の角度や絞りかたを変えたりすることで、表情の異なる花をケーキの上に咲かせている。

美しいデコレーションは基本のクリームづくりと土台の下ぬり・本ぬりがポイント

「アニバーサリー」のデコレーションケーキの土台は、おもにスポンジ生地に生クリームとイチゴをはさんだものと、チョコレートスポンジ生地にガナッシュを混ぜた生クリームとイチゴをはさんだものの2種類。下ぬりは、しっかり泡立てた生クリームで、「壁をつくるイメージ」(本橋さん)で仕上げる。

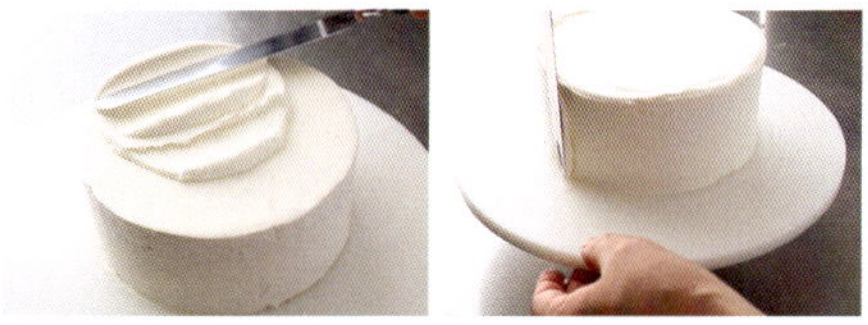

下ぬりを終えたら、好みに着色したやわらかめの生クリームで本ぬり。パレットナイフについたクリームは、こまめにふきとり、ケーキにあてる角度を保ちながら、なめらかに「おおうようなイメージ」で仕上げる。

イメージするデコレーションに合わせて、生クリームに色をつける。ピンク色はイチゴの濃縮果汁、黄色はパッションフルーツのピュレ、青色はブルーキュラソー、茶色はコーヒーエキス(トラブリ)で着色。

ラブリーなデコレーションにはバタークリームを使います

繊細な花の飾りには、バター、卵白、粉糖、ショートニングを合わせた、保形性にすぐれたバタークリームを使用する。

口金やコルネを使って“花の絞り”に挑戦！

バラ、カーネーション、イチゴの花……。難しそうに見える“花の絞り”だが、コツさえつかめば美しく、立体的に仕上げることができる。バタークリームは絞り袋の約半分まで入れ、やわらかくならないうちに絞りきる。

①プリン型の中心にバラ型の口金のスリットの幅の広いほうをつけ、型をまわしながらクリームを絞り出し、奥から手前に巻きつけるように1周絞る。②①の絞り終わりに少し重ねるように、口金を花びらのつけ根に沿わせる。そのまま奥から手前に動かしながらクリームを絞り出し、最後はやや下方向へ巻くようにして花びらを1弁絞る。③同様にして、計5弁（蕾の場合は3弁）の花びらを絞る。最後の2枚は外へ角度を開きぎみにすると、よりバラらしく仕上がる。

①バラ型の口金のスリットの幅の広いほうを回転台につけて、クリームが入った絞り袋を斜めに構える。少し絞り出してから、手首を時計まわりに少しひねりながら右上へとスッと引き、花びらを1弁絞り出す。②①の花びらの右下に口金をさし入れるようにして絞り袋を構え、①と同様にして次の1弁を絞り出す。これをくり返し、計5弁の花びらを絞る。③黄色のクリームをコルネに入れ、先をまっすぐに切り、中央に点を3つ絞る。

①バラ型の口金のスリットの幅の広いほうを回転台の中心につけ、台に対して約30度の角度で絞り袋を構える。②回転台をまわしながら、小きざみに絞り袋を前後・上下に同時にゆらしつつ、均一の力で絞り出し、中心に向かってフリルの重なった渦巻を絞る。

5種類の基本の口金

片目型

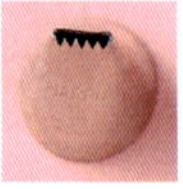

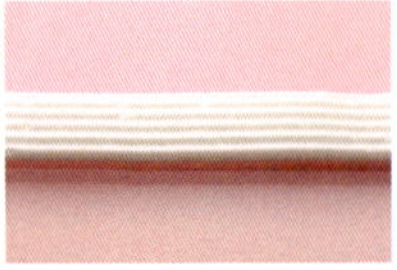

絞りながらまっすぐ引くと、細かい溝のついた帯状に。

星型

丸く1周絞るとローズ形に、少し絞り出して水平に引くとシェル形に。

丸型

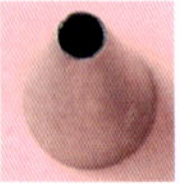

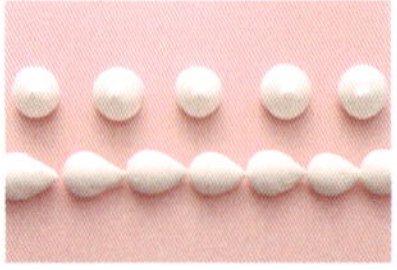

絞り出して上に引くと点に、少し絞り出して水平に引くとしずく形に。

バラ型

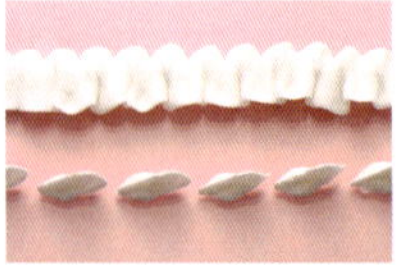

「バラの花」だけでなく、絞り出して上に引くと花の蕾のような形に。小きざみに波打たせながら絞ると、片側にフリルのついた帯状に。

葉型

絞り出して水平に引くと葉形に。小きざみに波打たせながら絞ると、両側にフリルのついたリボン状に。

イチゴの花、マーガレット

丸形の口金 ＋ コルネを使用

①丸型の口金をつけた絞り袋にクリームを入れ、口金を回転台にあて、奥に少し絞り出してから、中心に向かってスッと引き、しずく形の花びらを1弁絞る。②台をまわしながら、イチゴの花は５枚、マーガレットは７枚の花びらを①と同様にして絞る。③黄色のクリームをコルネに入れ、先をまっすぐに切り、中央に丸く絞る。

ツタ、葉(小)

コルネを使用

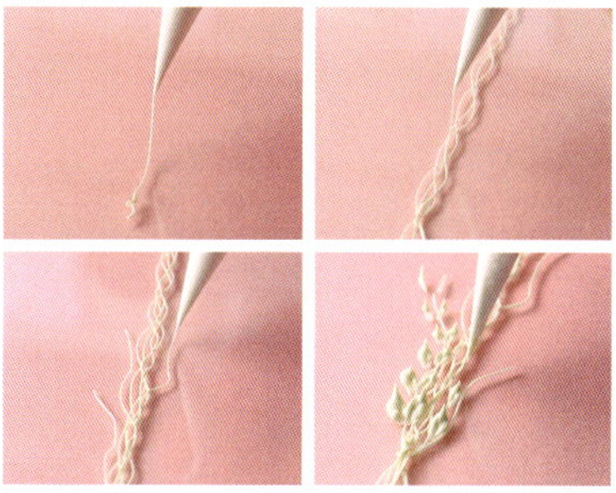

①緑色のクリームをコルネに入れて先をまっすぐに切り、そのまま上からたらすようにして波線を重ね、ツタを描く。②緑色のクリームを入れたコルネの先をハサミで斜めに切る。約45度の角度をつけて①のところどころにあて、手前に少し絞り出して奥へと上向きに引きさり、葉を絞る。絞り出す力加減で、葉に大小をつける。

小花1、葉(小)

コルネを使用

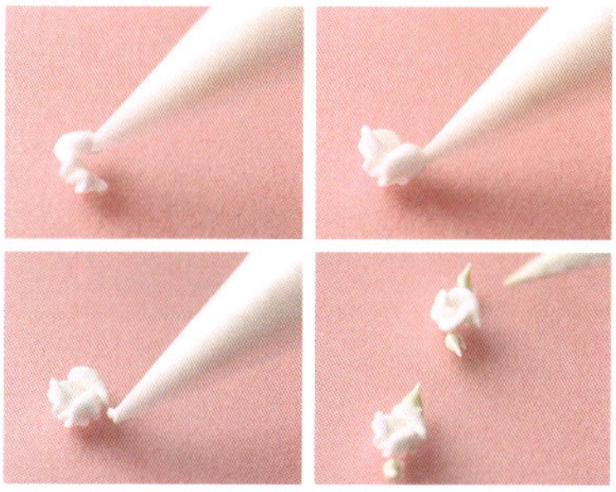

①クリームを入れたコルネの先をハサミで斜めに切る。とがっているほうを手前にして、奥に少し絞り出しては手前に引く感覚で、奥・中心・左・右の順に、計４弁の花びらを絞り出す。②葉（小）を前述の要領で両側に絞る。

小花2

バラ型の口金＋コルネを使用

①バラ型の口金をつけた絞り袋にクリームを入れる。口金のスリットの幅の広いほうを手前にし、少し絞って口金を手前に引き上げ（ツノを消すように）、花びらを絞る。②約30度の角度をつけて、①の左右に同様に花びらを絞る。③緑色のクリームを入れたコルネの先をハサミで斜めに切る。とがっているほうを手前にして②の花びらのつけ根（３弁が合わさっているところ）に約45度の角度をつけてあてる。奥へ少し絞り出してから手前に引き、長いしずく形になるようにして、左右に計２枚のガクを絞る。そのままクリームを切らずに手前にラインを引いて茎とし、さらに葉(小)を絞る。

コルネも大活躍

イメージするデコレーションに合わせて、コルネの先の切りかたを変える。

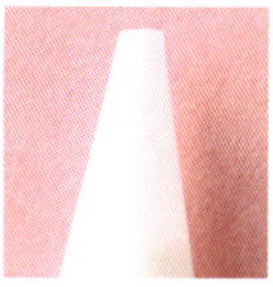

まっすぐに切る

点やツタ、
花のしべ、など

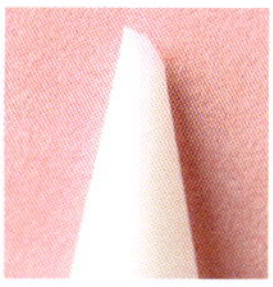

斜めに切る

小花、ガク、
葉(小)、など

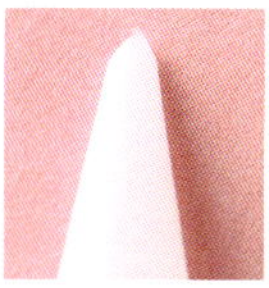

山型に切る

葉(大)、など

色とりどりの花を飾った華やかなケーキ。側面の籠模様にも注目！

バタークリームでつくった色とりどりの花

緑色のバタークリームをコルネで絞って繊細なツタや葉に

片目型の口金で絞った籠の模様

セ・ジョリ

生クリームとスライスしたイチゴをはさんだスポンジ生地を真っ白な生クリームでおおい、色とりどりの花で飾った、花籠のようなケーキ。表面の渦巻模様を囲むように、縁と側面にバランスよくパーツを飾り、可憐な印象に仕上げている。ケーキは直径15㎝。

側面に籠の模様を描く

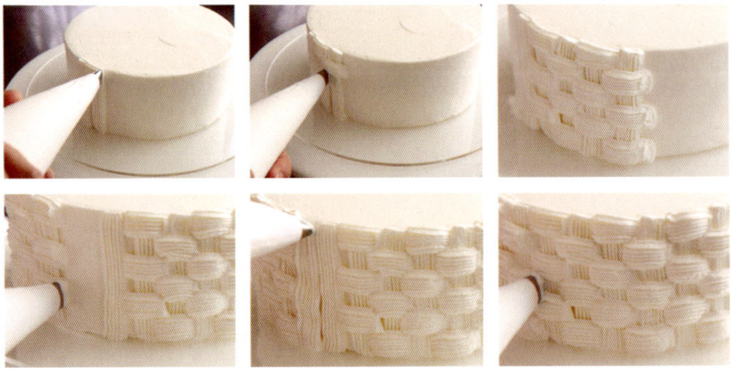

①生クリームでおおったケーキを回転台にのせる。②片目型の口金をつけた絞り袋に生クリームを入れ、側面を籠の柄に絞る。まず、隙間を少しあけて縦線を２本絞る。③左の縦線の上をまたぐようにして、横線を絞る。横線と横線の間に、横線1本分の幅をあけながら、上から下に絞っていく。④②の右の縦線の上をまたぐようにして、③の横線と互い違いになるように横線を絞る。以上の作業をくり返し、籠を編むイメージで側面をおおう。

上面の渦巻模様

上面の縁、籠の柄の内側にパレットナイフの先約1㎝をあて、回転台をまわしながら徐々に内側へとパレットナイフを動かして、渦巻状の模様をつける。

ツタや葉を描く

①緑色のバタークリームで縁に「ツタ」を絞る。ところどころ上面や側面にもはみ出すように描く。②緑色のバタークリームを入れたコルネの先をハサミで山型に切り、「葉(大)」を絞る。約45度の角度をつけて、少し絞り出してから上向きに引きさる。

「セ・ジョリ」の
デコレーションテクニックをチェック！

色とりどりの花を飾る

①冷凍しておいた白やピンク、黄色の「5弁の花」「イチゴの花」「マーガレット」をパレットナイフで持ち上げ、ケーキの縁に飾る。ところどころ重ねるようにして、立体感を出すのがポイント。②緑色のバタークリームを入れたコルネの先をハサミでまっすぐに切り、「ツタ」を絞る。③ピンク、黄色のバタークリームで、「小花1」を絞る。上面だけでなく、側面にも絞る。④白色のバタークリームを入れたコルネの先をハサミでまっすぐに切り、カスミ草のイメージでところどころに点を集中して絞る。⑤紫色のバタークリームを入れたコルネの先をハサミでまっすぐに切り、藤の花のようなイメージで、ところどころに点を集中して絞る。

クリームでつくるフリルとリボンで ロマンチックな印象に

フルーツは
粉糖やナパージュで
表情に変化をつけて

大粒、小粒のアラザンを
アクセントに

葉型の口金で
絞ったフリルで
ロマンチックに

プレゼントBOX

ピンク色のクリームをフリル状に絞って側面をおおい、白いクリームでリボンをかけたギフトボックス形のケーキ。中央には真っ赤なベリーを飾り、大小のアラザンで華やかな輝きを与える。土台のケーキは、13.5×13.5㎝、厚さ2㎝のスポンジ生地2枚に、生クリームとスライスしたイチゴをサンド。

「プレゼントBOX」の
デコレーションテクニックをチェック！

側面のデコレーション

①ピンク色の生クリームで本ぬりした四角のケーキを回転台の上に置く。②葉型の口金をつけた絞り袋に、ピンク色の生クリームを入れる。口金をケーキ側面の下部分にあて、小きざみに波打たせながらフリル状に1段絞り出す。同様に下から上へ段々にフリルを絞り、側面全体をおおう。③同じ葉型の口金で、側面のところどころにピンク色の葉を絞り、表情をつける。

リボンを描く

①葉型の口金をつけた絞り袋に、白い生クリームを入れる。プレゼントのリボンをイメージして、クリームを小きざみに波打たせながら、十字に交差させるように絞る。リボンの結び終わり部分も上面に絞る。②濃いピンク色のバタークリームを入れたコルネの先をハサミでまっすぐに切り、リボンの中心に、ステッチを入れるイメージで点線を描く。

フルーツ、アラザンを飾る

①イチゴ、ラズベリー、ブルーベリーを彩りよく飾る。イチゴは、ヘタつきのままナパージュをぬったもの、ヘタなし、粉糖がけ、半割りのものを、ラズベリーは粉糖がけ、ナパージュがけ、ブルーベリーは粉糖がけ、粉糖なしを用意。まず、中央にヘタなしのイチゴ4個を置き、イチゴをメインに、ラズベリーやブルーベリーもおりまぜながら、隙間を埋めるように配置する。②大小のアラザンをケーキに接着。大きなアラザン1粒のまわりに、小さなアラザンをいくつかまとめてつけると見栄えがよい。

バタークリームのバラをあしらった ラブリーなウェディングケーキ

リトル・ウェディング

薄い黄色の生クリームでおおったケーキを2段に重ねて。側面にはピンク、白、薄黄色のクリームを花びらのようにつけ、バタークリームのバラの花を飾る。仕上げにベリー類をトッピングして、かわいらしく仕上げたウェディングケーキ。

星型の口金で
かわいらしく
デコレーション

バタークリームで
つくった
バラの花や蕾を
ふんだんに

パレットナイフでぬりつけた
花びらのようなクリーム

「リトル・ウェディング」の デコレーションテクニックをチェック!

2つのケーキを重ねる

薄い黄色の生クリームで本ぬりした直径15㎝と直径10㎝のケーキを、それぞれの側面のクリームのならし終わりの部分を合わせて重ね、回転台の上に置く。

側面のデコレーション

①パレットナイフの先にピンク色の生クリームを少しつけ、側面に軽く押しあてては離し、間隔をあけながら、花びらのようなデコレーションをほどこす。②同様にして、間に黄色と白色の生クリームを、ところどころ重ねながら、バランスよくつける。

星型の口金で 縁をデコレーション

①細い星型の口金をつけた絞り袋に、白い生クリームを入れ、ケーキの縁に等間隔にローズ形を絞る。②その間に、同じ口金でピンク色の生クリームを絞る。

中央にバラの花とフルーツを飾って完成

①上段のケーキの中央に、ピンク色の生クリームを小高く絞る。②その上に、冷蔵しておいたバタークリームのバラの花を、細いハサミの先を使って持ち上げ、ところどころに飾る。下の段にもバラの花を飾る。イチゴやラズベリーを、隙間を埋めるように彩りよく飾る。バラの上にものせて、立体感を出す。イチゴは、ヘタつきのままナパージュをぬったもの、ヘタなし、粉糖がけ、半割りのものを、ラズベリーは粉糖がけ、ナパージュがけを用意し、適宜使用する。③緑色のバタークリームをコルネに入れ、「ツタ」と「葉（大）」を絞る。

ブタ

本ぬりはピンク色の生クリーム。プラスチックチョコレートでつくった耳と鼻、しっぽをつけ、茶色のバタークリームで目を、ピンク色のバタークリームで頬を描き、バタークリームの「イチゴの花」を添える。

ライオン

本ぬりは薄い黄色の生クリーム。生チョコレートでたてがみを、白い生クリームで鼻から口元、頬を絞り、目と鼻先は茶色のバタークリームを絞る。しっぽは薄黄色の生クリームで描き、先端に生チョコレートを絞る。

クマ

本ぬりは茶色の生クリーム。プラスチックチョコレートでつくった耳をつけ、鼻から口元を白い生クリームで絞る。目と鼻先は茶色、頬はピンク色、リボンは緑色のバタークリームで描き、バタークリームの「イチゴの花」を飾る。しっぽは茶色のプラスチックチョコレートを丸めてつける。

ウサギ

本ぬりはピンク色の生クリーム。白とピンク色のプラスチックチョコレートでつくった耳をつけ、目と口は茶色、鼻先と頬はピンク色のバタークリームで描く。しっぽはピンク色の生クリームを絞り、バタークリームの「イチゴの花」を飾る。

「アニバーサリー」では **アニマルケーキも人気です**

花やフリルのロマンチックなケーキとともに、あどけない表情がキュートな動物形のデコレーションケーキも、女性や子どもに人気の商品。写真の6種類のほか、ちょっとした工夫で、ヒヨコやネコなど、バリエーションが広がる。

ペンギン

本ぬりは薄い青色の生クリーム。パレットナイフでとさかと羽、尾をぬりつける。目は茶色、頬は薄青色のバタークリームをコルネで絞り、プラスチックチョコレートのくちばしをつける。おなかに白い生クリームをパレットナイフでぬる。

イヌ

本ぬりは白い生クリーム。鼻から口元、しっぽも、同じクリームで絞る。目と鼻先は茶色、頬はピンク色のバタークリームを絞り、テンパリングしたチョコレートでつくった耳をつける。バタークリームの「イチゴの花」を飾る。

「アニマルケーキ（ブタ）」の
デコレーションテクニックをチェック！

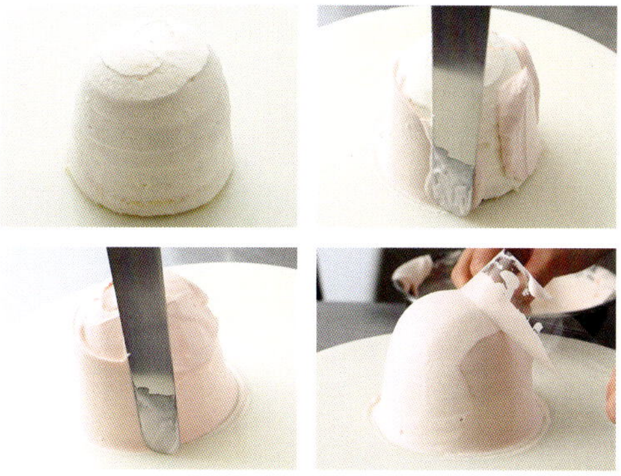

土台の下ぬり・本ぬり

①土台は、厚さ2cm・直径8cmのスポンジ生地2枚と直径7cmのスポンジ生地1枚のそれぞれの間に、スライスしたイチゴと生クリームをはさんだドーム形ケーキ。土台のケーキを回転台にのせ、下ぬりする。白い生クリームを多めにのせ、パレットナイフをケーキの表面にあてて、台を回転させながら生クリームを薄くぬり広げる。②本ぬりする。ピンク色の生クリームをパレットナイフでざっとぬり広げる。③ケーキのまわりをおおう帯状のOPPシートを両手で少したるませるように広げて持ち、ケーキの側面にあてる。そのまま力を入れず、奥から手前へスッとなで上げるようにして、余分なクリームをとり除きながらならす。これを何度かくり返し、表面を美しくととのえる。

プラスチックチョコレートのパーツ

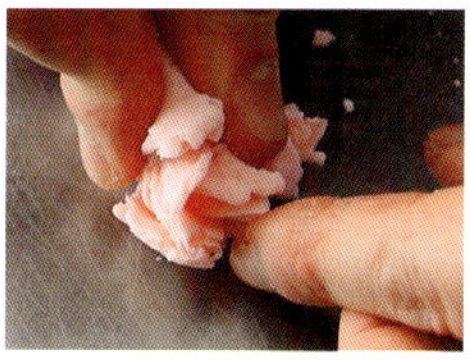

細かいパーツには、のびのよい細工用プラスチックチョコレートを、好みの色に着色して使用する。

①耳は、麺棒で薄くのばしてからペティナイフで耳の形に切り、てのひらにのせて上部を反対側の手の人差し指で押さえて薄くし、下部は親指と人差し指で軽くつまんですぼめる。②鼻は、俵形に丸めてから軽くつぶし、竹串で2つ穴をあける。③しっぽは、棒状にのばしてから、くるりと丸める。

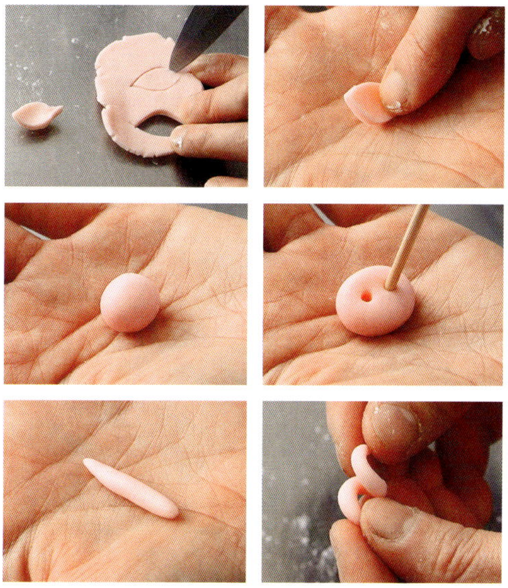

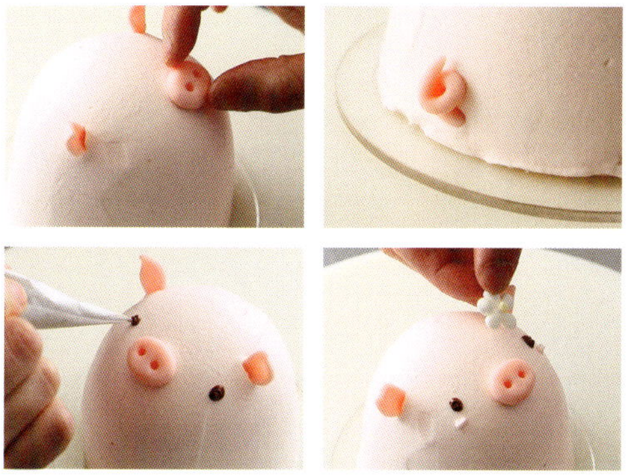

仕上げ

①プラスチックチョコレートの耳、鼻、しっぽをつける。②茶色とピンク色のバタークリームをそれぞれコルネに入れて先をまっすぐにハサミで切り、目と頬を絞る。③冷凍しておいた「イチゴの花」を耳元に1つ飾る。

「パーラー ローレル」に学ぶ

パイピングで描く可憐な花のデコレーション

可憐で繊細な花をバタークリームで表現する「パーラー ローレル」のアントルメ。他店とは一線を画した、四季折々の花を描いたデコレーションが人気を集めています。色づけたバタークリームをコルネで絞るパイピングの技術と、草花を描くポイントを、オーナーシェフの武藤邦弘さんに教わりました。

おばあちゃんの
バースデーケーキ

「おばあちゃんへのケーキ」というオーダーを想定して作成したバタークリームのケーキ。年配の女性を意識して、パイピングでツルバラを描き、カメオをかたどったホワイトチョコレートを飾る。土台はスポンジ生地とフランボワーズ入りのクレーム・ムースリーヌを重ねたケーキで、淡いピンク色。上面にバタークリームを薄くぬり、エアブラシでホワイトチョコレートを吹きつけ、ベルベットのような質感を出している。

オーナーシェフの武藤邦弘さん。18歳で菓子職人の世界に入り、「洋菓子カド」（東京・駒込）、「シェ・リュイ」（代官山）などに勤務。1980年に「パーラー ローレル」を東京・世田谷区の住宅街に開業。パイピング技術の第一人者で、独自に築いた技術で花を描いたケーキが人気。

四季折々の草花をスケッチしている武藤さん。日ごろのスケッチが、ケーキのデコレーションに生かされている。

型は、本物のカメオにシリコンゴムをあててつくったオリジナル。

「パイピング」は、コルネなどで細かな装飾を描く技法。クリームをさまざまな色に着色し、ごく細い口から絞り出すことで繊細な模様を描くことができる。このパイピングを駆使したデコレーションケーキで人気を集めているのが「パーラー ローレル」だ。オーナーシェフの武藤邦弘さんは、40年以上のキャリアをもつベテラン職人。20代のころからパイピングに興味をもち、独自に技術を磨き、草花を中心にケーキに描いてきた。同店のショーケースには、つねに10種類前後のアントルメが並んでいるが、とりわけ可憐で繊細な草花をデザインしたケーキが来店客の目をひいている。

パーラー ローレルでは、オーダーケーキ用に注文シートを用意。そこにある15種類のケーキから、味とサイズを選んでもらい、どんなデコレーションがいいか、書き込む言葉は……などの希望をとっている。誕生日をはじめ、卒業や就職なども含めたお祝いのケーキの注文を、週に50〜60件受けているという。

写真のケーキは、「おばあちゃんのバースデーケーキ」というテーマで作成したもの。年配の女性をイメージして、淡いピンク色のケーキに、ツルバラとカメオを組み合わせた。ツルバラは1年をとおして人気の絵柄で、着色も落ち着いた色合いにまとめている。「上品で、やさしい感じに仕上げました」と武藤さん。他店とは一線を画したオリジナルのデコレーションは、常連客に好評を得ている。

「おばあちゃんのバースデーケーキ」のデコレーションテクニックをチェック!

01

スポンジ生地とフランボワーズ風味のクレーム・ムースリーヌを3層ずつ重ね、周囲をクレーム・ムースリーヌでおおい、上面にバタークリームを薄くぬる。

02

エアブラシを使い、ホワイトチョコレートをまんべんなく吹きつける。表面が細かな粒子でおおわれ、ベルベットのような質感に。

03

パイピングには、保形性の高いバタークリームを使用。まず、緑色のクリームを細く絞り出し、そのまま長くのばしてツルバラのツルを描く。ツルにはトゲをつける。

04

さらに細い絞り口のコルネで白いクリームを絞り出し、リボンを描く。

05

全体のバランスを見ながら、白いクリームでカスミ草を散らす。左右からハサミを入れて絞り口を山型にしたコルネに緑色のクリームを入れ、葉を描く。

06

ゼリービーンズ型の口金をつけた絞り袋に白いバタークリームを入れ、バラの花を絞り出す。

07

ホワイトチョコレートを溶かし、カメオの型に、型の半分程度の量を流し込む。厚みをととのえ、パレットナイフで端の余分を切り落とし、冷蔵庫で冷やし固める。

08

冷蔵庫からとり出して、溶かした赤の食用色素を指でぬる。その上にホワイトチョコレートを流し、表面をととのえ、冷蔵庫で冷やし固める。

09

ホワイトチョコレートを型から出す。ほんのりピンクがかった、カメオのチョコレート。ペティナイフでまわりのラインをととのえて完成。

「パーラー ローレル」に学ぶ
パイピングのテクニックと草花の描きかた

パイピングの技術を磨くためには、「とにかくたくさん描いて慣れることが大切」と武藤さん。「まずは、クリームを絞る技術を身につけ、絞り出しのコツをつかんだら、次にケーキにどのような絵柄を描くのか、考えてください。この際、絵柄と空間のバランスをとることも大事。はじめはケーキと同じ大きさの丸や四角の紙の上で練習するとよいでしょう」。

使うクリームは、粘度があって保形性の高いバタークリームやガナッシュが向く（生クリームなど水分の多いクリームは不向き）。使う直前に泡立ててきめ細かい気泡を入れ、着色してから、目の細かい漉し器で漉して使う。「これらは、コルネの細い絞り口からクリームをスムーズに出すために必要な準備。クリームのコンディションがよければ、パイピングは半分以上成功したと言ってもいいでしょう」と武藤さんは言う。

ここで紹介している草花の描きかたは、枝や茎など中心となるラインを描いて構図を決め、そこに葉、花の順で描き足していくのが基本だ。使う技法は「たらし描き」と「筋描き」の2種類で、コルネの口径を「細口」「中細口」「中太口」「太口」の４段階に変えながらアレンジする。また着色もポイントだ。同じ緑色でも、葉は明るめ、茎は深緑と使い分けることで、絵柄に奥行きが出る。「茎はゆるやかな力でのびのびと描き、花の部分は球状に絞り出すだけだから、意外と簡単。下草は何枚か重ねて絞り、ピンと跳ね上げてとめるのがコツ。葉先に動きが出て、平面の世界が立体的になります。慣れてくると、絵柄や空間どりを考えるのが楽しくなるはずです」。

バースデーケーキ
白と紫色の小さな花のブーケを描いたオーダーメイドのバースデーケーキ。空気が流れているような構図がポイントだ。土台は、スポンジ生地３枚と、クレーム・ムースリーヌ、グリオットチェリーのクーリを層にしたケーキ。淡いピンク色のバタークリームでおおい、ホワイトチョコレートをエアブラシで吹きつけている。

ローレル
店名をつけた常時店頭にある定番のアントルメ。チョコレートのスポンジ生地３枚と生クリームを層にし、ガナッシュでコーティング。コームで波模様をつけて、シックに仕上げている。チョコレート色のバックに、白いツルバラとカスミ草の花束が浮かび上がる。

なめらかなバタークリームとコルネを準備します

基本のバタークリーム

バターとパータ・ボンブでつくったバタークリームを使用。絞る直前に泡立てて、クリームにきめ細かい気泡を入れる。バタークリームは、やわらかいながらも適度なコシを残した状態に。状態がよくないと、絞ったときに切れたり、穴ができたりする。

❶バタークリームをミキサーボウルに入れる。軽く湯煎し、温度を25～26℃に上げてから、低速で泡立てる。

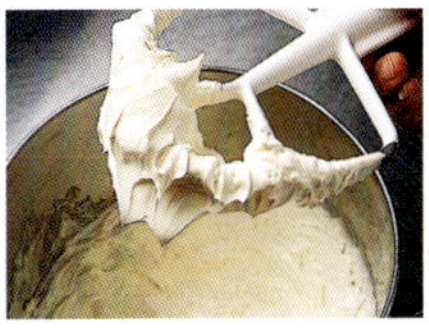

❷バタークリームが充分にやわらかくなるまで撹拌する。ビーターのあとがはっきり残らなくなるくらいが目安。

❸作業中は、バタークリームのコシを保つため、保冷剤の上にタオルを敷き、その上にボウルをのせてクリームの温度を一定に保つ。つやが出て、コシが抜けてきたら、もう一度泡立てる。コシが抜けると、クリームが切れやすくなるのでわかる。

バタークリームの色づけ

1つの花を描くのに、3～4色のバタークリームを使用。泡立てたバタークリームは、着色してから、さらに漉し器で漉してなめらかにする。コシが抜けないよう、少量を1色ずつ着色しては、コルネに入れ、絞り出していく。

❶コシが抜けないよう、冷やした大理石の上にバタークリームを少量とり出し、水で溶いた色粉やカラメルで着色する。

❷コルネで細く絞ると、大理石上で見る色よりも、若干濃く映る。色決めは微妙なさじ加減がポイント。

❸ごく細かい目の漉し器(60番)で漉す。卵の繊維やシロップの結晶などをとり除き、絞り口が詰まらないようにする。

❹コルネの口径を決めてから、漉したバタークリームを入れる。コルネの上部を折りたたみ、持ちやすいようにねじって準備完了。

コルネのつくりかた

パイピングは繊細なクリームのラインが身上。そのため、硫酸紙を切るときは、ハサミを使ってていねいに。武藤さんは、基本的にはコルネの先端は切らず、円錐状に巻いた先端をそのまま絞り口としている。

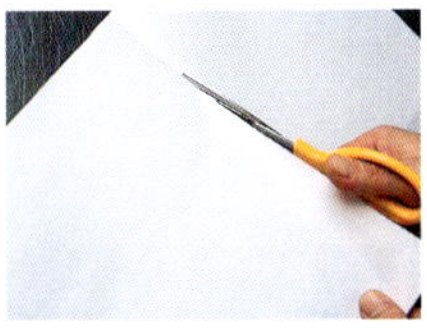

❶硫酸紙をハサミで4つに切る(25×19㎝大のサイズ)。

❷長辺の端から2.5㎝のところから、斜めに切る。

❸ハサミを入れた切り口は絞り口になるので、ていねいに切ること。

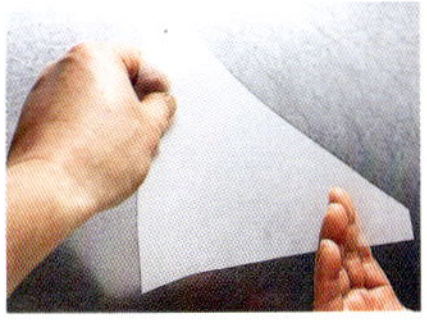

❹ハサミを入れた切り口を上にして、両端を写真のように持つ。

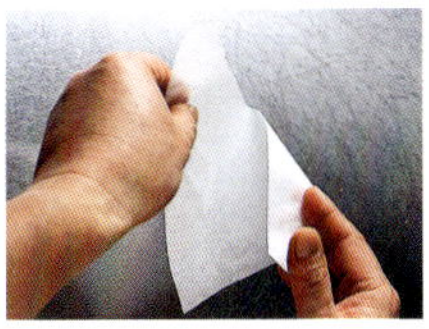

❺右側から、硫酸紙を内側に巻いていく。

❻先端の絞り口に左手を添えて、形をととのえる。

❼そのまま最後まで巻いて、円錐形に。

❽上にとび出た部分を内側に折り込み、円錐形をキープする。

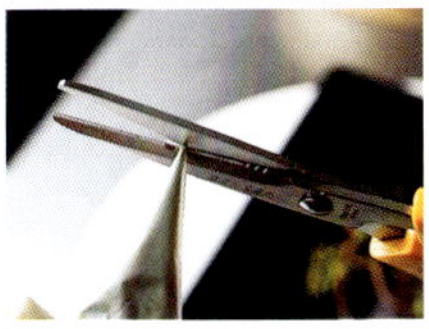

❾絞り口は基本的にはそのままだが、葉など描きたい絵柄に合わせてハサミを入れることも。

口径の大きさで変化を

コルネを最後まで巻いてから、右手中指で内側を上下させると、先端の口径が変わる。写真上は「太口」、下は「細口」。太口で口径0.5㎜くらい。

絞り口をカットして葉を絞る

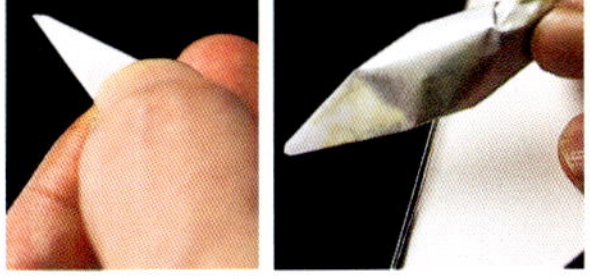

写真左は斜めに切ったもので、おもに細い葉を絞る。右は山型で、太い葉用。いずれも先端をつぶしてハサミで切る。

パイピングで描く季節の草花

繊細なラインで情感豊かに描かれた、たんぽぽ、桜、あじさいなどの季節の花々。「パイピングで草花を描く場合、模写のように正確に描く必要はありません。シルエットをとらえ、雰囲気を出すことが大事です」と武藤さん。ちなみに初心者は、「ラベンダー」あたりから試してみるのがおすすめだと言う。

ラベンダー

茎・葉・ガク……明るい緑色（バタークリーム＋黄色＋青色）
根……淡い茶色（バタークリーム＋カラメル）
花……紫色（バタークリーム＋赤色＋青色）

❶茎を中細口でたらし描きする。先端は力を抜いて細くする（写真の右側が茎の先端）。

❷細かい葉を中細口で筋描きする。

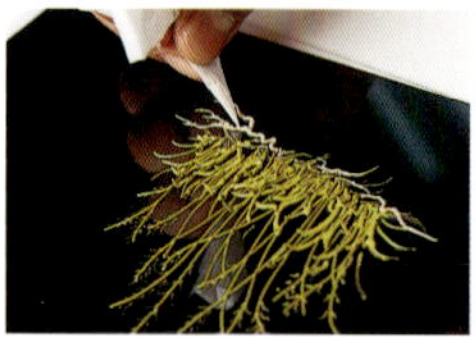

❸太口のコルネの先端を斜めに切り、下の葉を描く。根は中太口で筋描きする。

❹花は細口で小さい点を絞り、先のほうは軽く筋描きをする。花の下に細口でガクを絞る。

ポイント1　スケッチしましょう

いきなり何かを描こうと思っても、なかなか上手くは描けません。日ごろからスケッチをしておくと、イメージがわきやすくなります。下絵として活用することもできます。

フランボワーズ

枝……こげ茶色（バタークリーム＋カラメル）
葉・ガク……明るい緑色（バタークリーム＋黄色＋青色）
実……濃いピンク色（バタークリーム＋赤色）

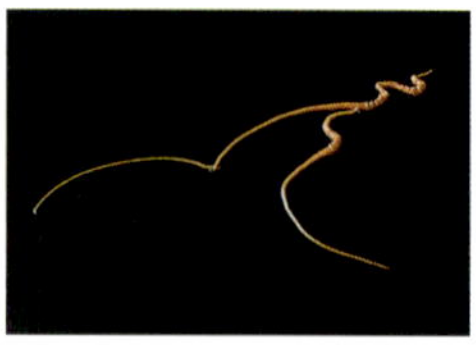

❶枝は中太口でたらし描き。絞りはじめは強めに、先端は力を抜いて自然なラインに。

❷葉は中細口で筋描き。輪郭を描いたあと、葉脈を描き、ガクを厚めに絞る。

❸ガクの下に、ラズベリーの実を中太口で絞る。直径1.5〜2㎜の球を円形に絞り出す。

❹円形に絞ったら、さらにその上に重ねて絞る。重ねて絞ることで、立体感が生まれる。

ポイント2　作業は向きを変えながら

作業は回転台にケーキ（この場合は下敷き）を置いて行ないます。ラインを描くときは、向こう側から手前に、また右利きの人であれば左から右に手を動かすと描きやすいでしょう。

たんぽぽ

茎・葉……明るい緑色
（バタークリーム＋黄色＋青色）
花……黄色（バタークリーム＋黄色）
綿ぼうし・綿毛……白色（バタークリーム）

桜

枝……むらのある茶色（バタークリーム＋カラメル）
花……ピンク色（バタークリーム＋赤色）、
白に近いピンク色（バタークリーム＋ピンク色）
葉……淡い緑色（バタークリーム＋黄色＋青色）

あじさい

枝……むらのある茶色（バタークリーム＋カラメル）
葉……濃い緑色（バタークリーム＋黄色＋青色）
花……淡い紫色（バタークリーム＋赤色＋青色）、
淡い青色（バタークリーム＋青色）

野の草花

野の草……白に近い緑色（バタークリーム＋黄色＋青色、
さらにバタークリームを加えて淡い色に）
野の花の葉……濃い緑色（バタークリーム＋黄色＋青色）
野の花の花……白色（バタークリーム）
野の花のしべ……黄色（バタークリーム＋黄色）

パイピングの練習法

パイピングは「絞り出す」「引く」のくり返し。まずは「たらし描き」「筋描き」などの基本的な絞りかたをマスターしよう。黒い下敷きの上で練習すると、ラインがはっきりとしてわかりやすい。

たらし描き

下敷きにコルネの先端をつけてクリームを絞り出し、そのまま1.5㎝高さまで引き上げ、クリームをたらした状態でラインを描く。均等に力を入れて、ゆるやかに動かす。

筋描き

コルネをねかしぎみに持ち、下敷きにコルネの先をつけて絞り、そのまま気持ちこするように、力を抜きながらスッと引いて線を描く。力の強弱で筋のかすれ具合が変わる。

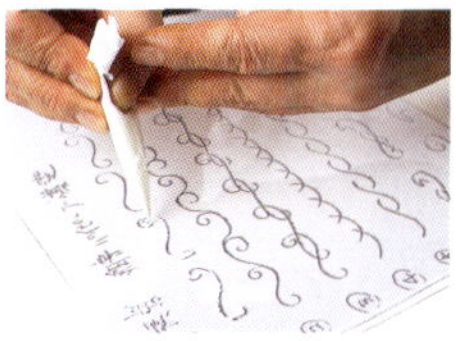

唐草模様

たらし描きと筋描きをマスターしたら、基本となる唐草模様を練習する。唐草模様の左右の幅や天地の長さを変えることで、さまざまな模様描きにアレンジできる。下敷きの下に下絵を入れて練習するのもよい。

複雑な模様

写真のような模様も、たらし描きと筋描きがベース。コルネの絞り口の形を変えることにより、多彩な表情のラインを描き分けることができる。

04

「レーブ ドゥ シェフ」に教わる
マジパンデコレーション

マジパンを着色し、さまざまな形に成形するマジパン細工は、パティシエが身につけたい技術の1つ。修業時代より数々のコンテストに挑戦し、現在は全国から集まる若手にその技術を伝授する「レーブ ドゥシェフ」のオーナーシェフ・佐野靖夫さんに、ケーキを飾るマジパンの動物や人形、花のつくりかたを教わりました。

オーナーシェフの佐野靖夫さん。東京製菓学校卒業後、「エルドール」(東京・銀座)にて8年間の経験を積み、1981年に独立。郷里の神戸で「レーブ ドゥ シェフ」を開業。2010年、「神戸マイスター」に認定された。

西神戸の住宅街に本店を構える洋菓子店「レーブ ドゥ シェフ」。生菓子から焼き菓子、アイスクリームまでバラエティー豊富な品ぞろえで、地域の幅広い層から支持されている。なかでも、ひときわ個性を発揮しているのがマジパン細工でデコレーションをほどこしたアニバーサリーケーキだ。「記念日のケーキは、いつまでも心に残るもの。おいしさはもちろん、見た目にも楽しんでもらえるように工夫をしています」とオーナーシェフの佐野靖夫さん。修業時代から培ったマジパン細工の技術を駆使して、オリジナリティーが光るオーダーメイドケーキを提供している。

佐野さんが得意とするマジパン細工は、かわいらしくデフォルメした動物や人形、そして色鮮やかでみずみずしい花。「いずれのモチーフをつくるときも、気をつけているのは、リアルさの追求に終始しないこと。大切なのは、本物のコピーではなく、イメージの再現。それゆえ、ふだんからいろいろなものやことに興味をもち、観察するように努めています」。製作に際しては、イメージをふくらませるうえでも、全体の構成や色をスケッチするという。また佐野さんは、「イメージどおり形づくるためにも、マジパンの扱いかたや道具の使いかたに馴れることが重要」と話す。そのため、同店では若手スタッフが鍛錬する機会を多く設けている。若手スタッフがつくった作品を店内に展示し、バースデーケーキを購入したお客にマジパンの人形をプレゼント。店の個性として、マジパン細工をアピールしている。

上/ショーケースにはマジパン細工を飾った「メモリアルブーケ」を常時並べている。右/若手スタッフがつくる人形は、バースデーケーキ購入客にプレゼント。

毎月、テーマに沿って若手スタッフが製作するマジパン細工を店内にディスプレー。写真はアジサイとカエル、カタツムリのモチーフで構成した、梅雨の季節をイメージした作品。

テーマごとにイメージをふくらませ、全体の色や構成のバランスを見るために描いたスケッチ。これをもとにマジパン細工を製作する。

森のにぎわい

土台のケーキは、スポンジ生地にスライスしたフルーツと生クリームをサンドした、ショートケーキ。表面をホワイトチョコレートでおおい、なめらかなラインに仕上げている。森のウッディーな色彩をイメージして、縁には薄茶色のマジパンをあしらっている。主役は、マジパンでつくった愛らしい表情のきこりとリス。きこりとリスの目線を、食べ手の目線に合わせているのがポイント。かわいらしい印象をきわだたせた。

マジパンでつくる **ストーリーのあるデコレーション**

秋の実りの季節、森のきこりと動物たちのにぎやかな音楽会──。そんな楽しいストーリーをイメージしたデコレーションケーキ。多彩な色を使って、にぎやかでメルヘンチックなシーンを、ケーキの上につくり出した。

①直径1.5cmの棒状にのばしたマジパンを、5cm（胴）と、2cm×2個（頭、しっぽ）に分割する。

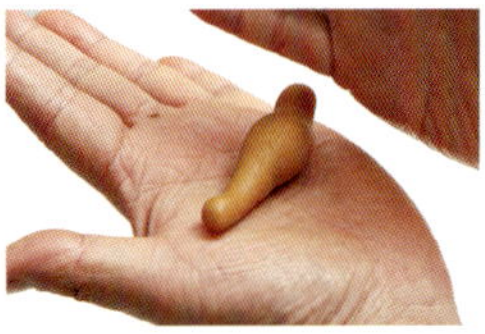

②5cmのマジパンを左手にのせ、右手のてのひらで押しつけるように転がし、両端を細くする。

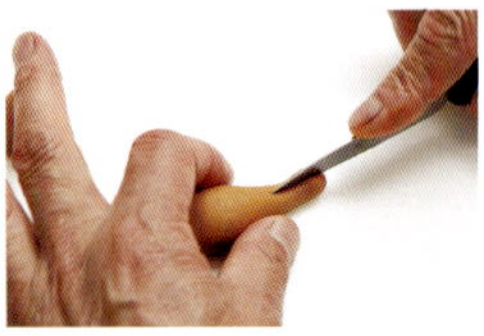

③細くのばした一方に縦に切り込みを入れ、もう一方も同様に切り込みを入れる。

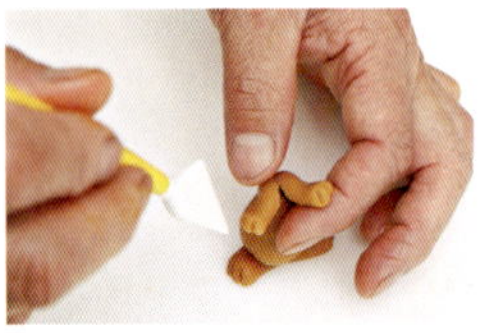

④切り込みを入れた部分を広げ、後脚と前脚に。それぞれの先端にマジパンスティックで指を描く。

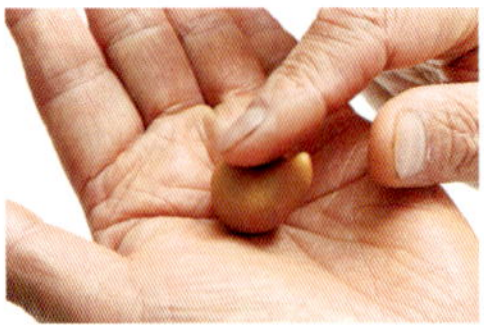

⑤2cmのマジパンをてのひらで転がして球状にし、頭をつくる。鼻の部分をややとがらせる。

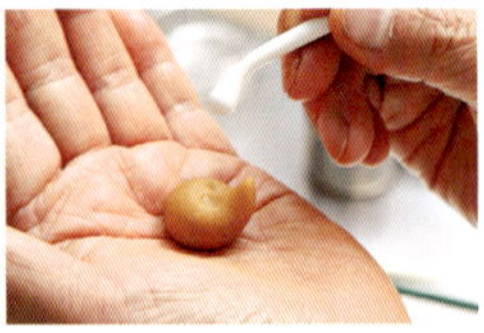

⑥マジパンスティックで目の位置にくぼみをつける。

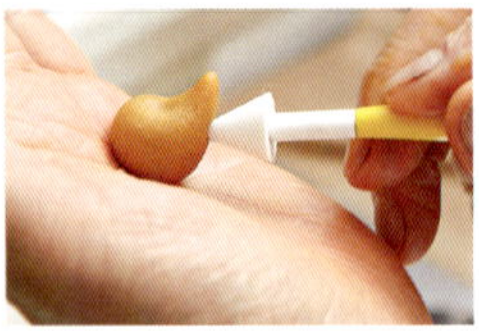

⑦鼻の下にマジパンスティックで口を描く。

⑧濃い茶色のマジパンを細くのばし、頭部につける。鼻先には小さく丸めた赤いマジパンをつける。

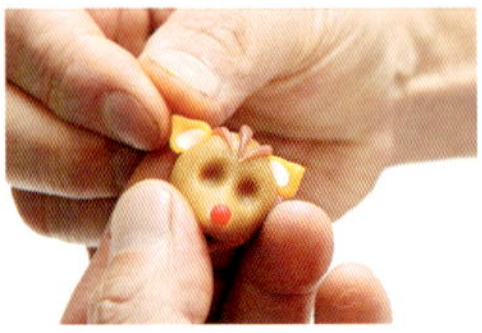

⑨しずく形に丸めて平らにしたマジパンを耳に。接着部分に薄く水をぬり、軽く押さえつける。

⑩残りの2cmのマジパンで、しっぽをつくる。白と濃い茶色のマジパンを重ねて模様をつける。

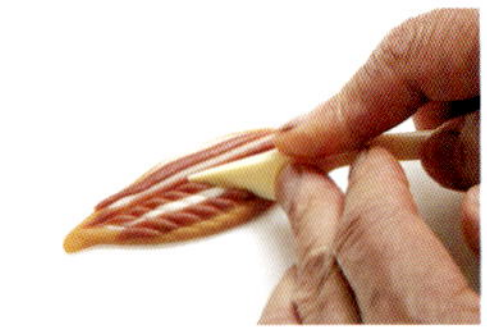

⑪マジパンスティックを軽く押しあてるようにして筋を描き、しっぽの毛を表現。

⑫各パーツを乾燥させてから接着し、コーティング用のホワイト、スイートチョコレートで目を絞る。

リス

大きな目とふさふさのしっぽが特徴。リスというキャラクター上、全体を茶色で統一しているが、アクセントとして赤い鼻をつけているのがユニーク。ほんの少し首を傾げさせてコミカルな表情にしている点もポイントだ。

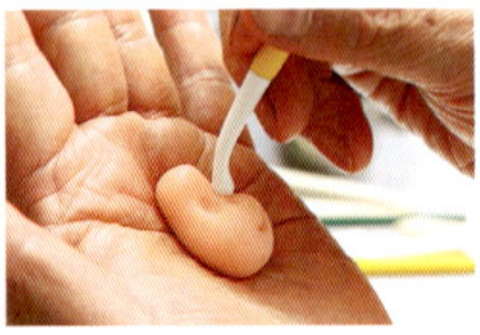

①球状に丸めたマジパンをナスビ形に成形し、マジパンスティックで目と口のくぼみをつくる。

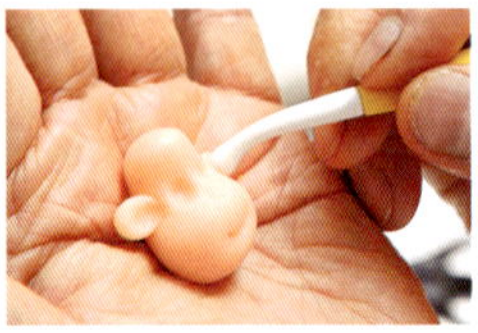

②目と同じ高さに耳をつける。小さな球を平らにし、マジパンスティックの先端で押し込むように。

③棒状のマジパンを2本に切り、瓢箪形に成形した靴につける。細くのばした赤のマジパンを靴紐に。

④円錐形の白いマジパンに、薄くのばして扇形に切った緑色のマジパンを巻きつけて、胴とする。

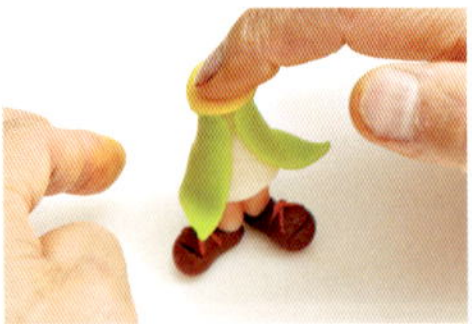

⑤脚と胴それぞれが乾燥したら、胴部の底にサッと水をぬり、脚をつける。そのまま乾燥させる。

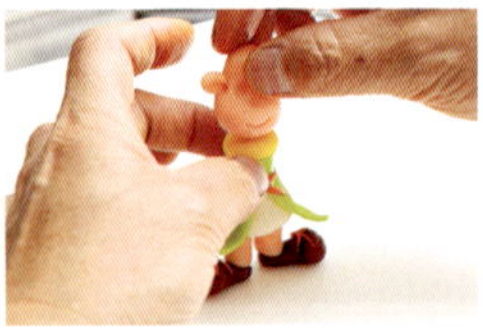

⑥胴と頭の接着面に水をぬり、頭をのせる。

⑦緑色のマジパンで円盤をつくり、円錐形のマジパンをのせ、羽飾りとリボンをつけて帽子をつくる。

⑧薄くのばして切り込みを入れた茶色のマジパンを頭にのせ、頭部を平らにカットする。

⑨頭の上に水をぬってから帽子をのせ、そのまま動かさないようにして、1日おいて乾燥させる。

森のきこり

細部まで凝ったつくりの人形は、森のきこりをイメージ。パーツはすべてマジパン。立ち姿が変形しないように、それぞれ1〜2日前につくり、乾燥させてから接着する。薄く溶いた食紅で頬を色づけ、元気な表情に仕上げている。

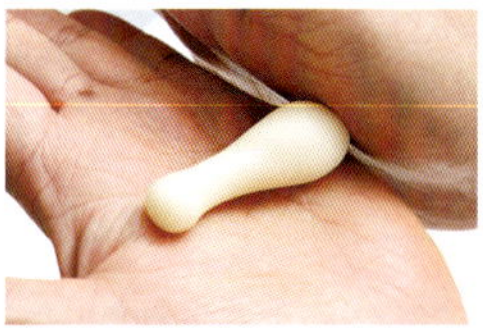

❶白いマジパンで細長い瓢箪形をつくる。

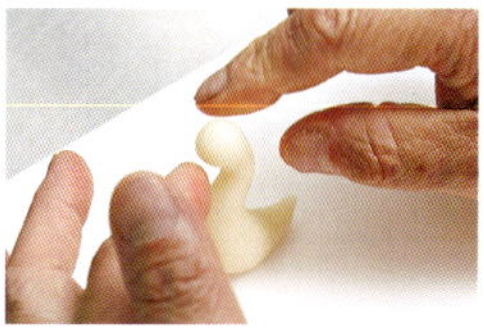

❷瓢箪形の小さいほうを頭に、大きいほうを胴にしてS字形に。首の角度をつけ、尾をとがらせる。

❸しずく形に丸めたマジパンを平らにし、マジパンスティックで押さえながら引いて羽をつくる。

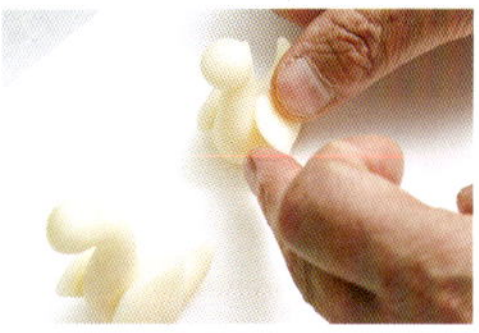

❹胴体の横に薄く水をぬり、羽をつける。左右で羽の角度を変えて接着し、歩いているような動きに。

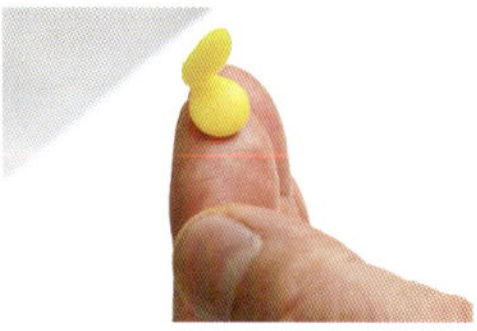

❺黄色のマジパンを瓢箪形にして、平たくつぶして折り曲げ、クチバシに。

❻マジパンスティックで、クチバシを接着する。

アヒル

動物モチーフのなかでも人気のアヒルは、帽子やリボンをつけて擬人化することが多い。胴と頭、クチバシ、水掻きなどほとんどのパーツが瓢箪形からの変形で、成形は難しくはないが、小物や表情づくりには緻密さが必要だ。

❼オレンジ色のマジパンを瓢箪形に。平たくつぶし、先端に切り込みを入れ、水掻きにして胴に接着。

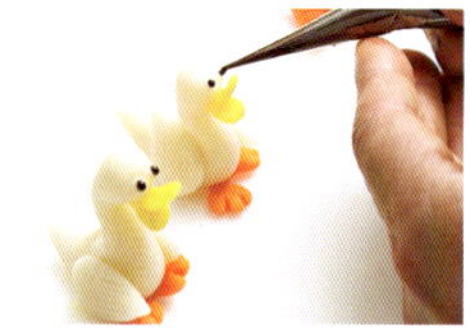

❽目の位置にくぼみをつけ、コーティング用のホワイト、スイートチョコレートで目を絞る。

引越しのお祝い

パパを先頭に、ママと3人の子どもたちが行進するアヒル一家を主役にしたデコレーション。仲よし家族をイメージして、楽しく足並みをそろえて進むシーンをつくった。スポンジ生地にフルーツと生クリームをサンドした、ショートケーキが土台。ケーキのまわりにも、色とりどりのフルーツを飾って、にぎやかで楽しい雰囲気を演出している。

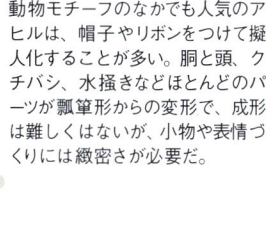

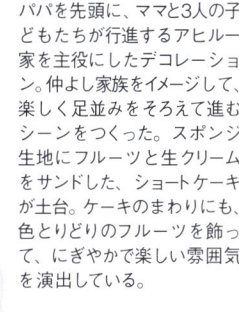

マジパン人形の **バリエーション**

デコレーションの主役となるマジパン人形は、動物や老若男女など、さまざまな要素をモチーフにできる。具体的な人形を飾ることで、テーマやストーリーも表現しやすい。それぞれをキャラクター化して、ほのぼのとしたかわいらしさを演出することも可能だ。

ウサギ

白にピンク色のマジパンを組み合わせた、かわいらしいウサギ。耳は頭部からマジパンを引きのばしてつくることで、自然なラインを出すと同時に、保形性も高めている。ニンジンを持たせた、動きのあるしぐさにも注目。

ライオン

キャラクター化したライオンは、見上げるような表情で愛らしさを、しっぽの形で動きを表現。ビビッドなピンク色の小さなハートを脚元に置き、アクセントとしている。頭と胴、2つのメインパーツに、たてがみや耳など小さなパーツを接着。

ここで紹介しているマジパン人形は、直径15～18㎝のケーキとのバランスを考慮して、概ね4㎝前後。それでいて存在感を出すには、色彩と表情がポイントとなる。まず色彩は、カラフルだが、派手になりすぎないやさしい色調をベースにして、鮮やかな濃い色をアクセントカラーとする。動物の場合は、その動物のイメージに合わせてメインの色を決め、単調にならないようバランスを考えてアクセントとなる色を加える。

人をモチーフとする場合は、コスチュームや髪の流れ、手足の動きなど、細部にまでこだわってつくり込むことが大事だ。「指先の動きなどのちょっとしたこだわりが、人形のキャラクターを決定する重要な要素になる」と佐野さん。女性の指先を模してエレガントさを表現したり、左右で手足の形を変えて歩いている様子を表現したり、そんな細かな工夫が、デコレーションに個性と躍動感を与える。

かわいらしい表情をつくるクリクリとした大きな目は、コーティング用ホワイトチョコレートとスイートチョコレートを絞る。食べ手を見上げるような愛らしい目線が、レーブ ドゥ シェフのマジパン人形の特徴だ。

キツネ

頭部から引き出した耳と鼻で立体感を出し、大きなしっぽと白い腹毛で、キツネらしく仕上げている。頭の上に小さな葉をのせ、民話に登場するようなキツネの化けるシーンを再現している。

天使

クリッと見上げる瞳が、元気でかわいらしい表情をつくっている。ナスビ形に成形した頭部に、細くのばした髪の毛を、動きをつけながら接着。鮮やかな緑の葉に座らせて、子どもらしいしぐさを形づくった。背中には、白いマジパンでつくった小さな羽をつけている。

赤ちゃん

小さな裸の赤ちゃんを大きな葉で包むように形づくり、生まれたてのシーンを表現。頭と耳、目を大きめにつくることで、新生児らしさを出している。誕生祝いなど需要の多い赤ちゃんは、さまざまな表情を研究しているという。

コーラス

流れるようなドレスのデザインが、エレガントな印象を与える。フリル部分は、リボン状にのばしたマジパンを、ドーム状の押し型でプレス。不規則に力を加えることで、自然なドレープを生み出している。ティアラは、マジパンスティックで凹凸をつけた。

サンタクロース

頭、胴、脚、腕、靴と帽子の6つのパーツを接着したサンタクロース。クリスマスケーキに欠かせないサンタクロースは、ケーキのデザインに合わせて、衣装や動きをアレンジ。衿は型で抜いて花形に、帽子には星飾りをつけるなど、衣装の細部も凝っている。

❶白いマジパンをのばして花型で抜き、筋をつける。一部を弧状に切って顎ヒゲに。

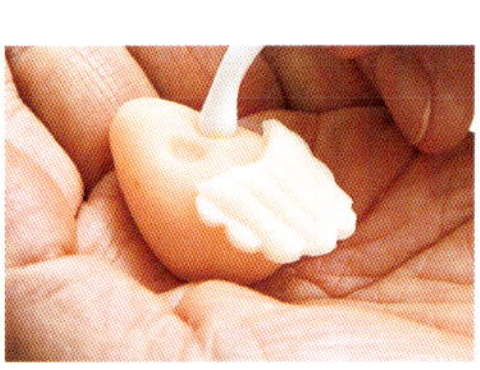

❷先端が丸いマジパンスティックで、目の位置を決めてくぼみをつける。

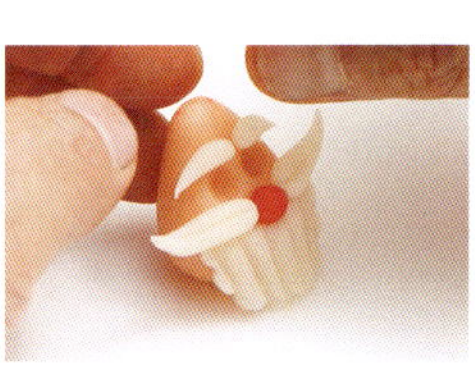

❸ごく細くのばした白のマジパンで、口ヒゲと眉毛をつくり、赤い鼻をつける。

❹円錐形の帽子をかぶせ、白のマジパンで縁を飾る。

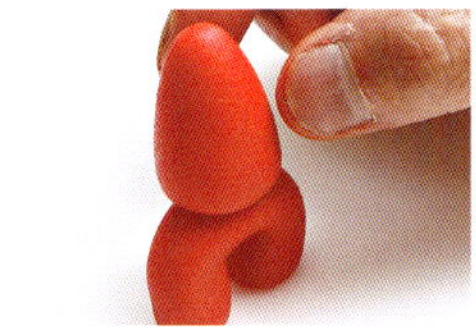

❺赤いマジパンを瓢箪形に成形し、2つ折りにして脚に。その上に釣鐘形の胴を重ねる。

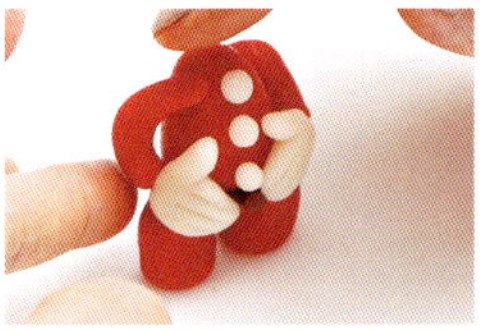

❻ボタン、ベルトで上着を装飾したあと、腕を接着。さらに白のマジパンでつくった手を腰に固定。

❼約3時間ほどおき、細部が完全に接着し固まったら、花型で抜いた衿をのせ、その上に頭をつける。

マジパンで花をつくる

さまざまなデコレーションに活用できる、色鮮やかなマジパンの花。美しくつくるポイントは、花びらのもととなるマジパンの球を、同じ大きさにそろえること。1枚1枚の花びらは、すべて同じ形に成形し、花びらの重ねかたで表情をつける。

メモリアルブーケ

店頭のショーケースに、定番としてつねに並べている商品で、家族やカップルの記念日をイメージしてつくったケーキ。華やかなマジパンの花々を束ねてブーケをイメージしたデコレーションが、女性に人気。土台のケーキは、スポンジ生地にイチゴと生クリームをはさんで、表面に生クリームをかけたもの。まわりに色鮮やかなフルーツを飾り、豪華な印象に。

マジパンで葉をつくる

しずく形に丸めた緑色のマジパンをベーキングシートにはさみ、ムース型などでこするようにして広げる。マジパンスティックで葉脈を描けば葉の完成。濃淡2色を合わせてグラデーションをつくれば、より立体的に仕上がる。

ユリ

大輪の存在感で、華やかさを演出するユリ。ガク部分で花びらを重ねるため、ガクから花びらにかけて自然な色のグラデーションができる。花びらを重ねる幅で、花の開き具合を調節する。

①淡いオレンジ色に彩色したマジパンを直径1.2㎝の棒状にのばし、2本そろえて、長さ1.2㎝に切る。

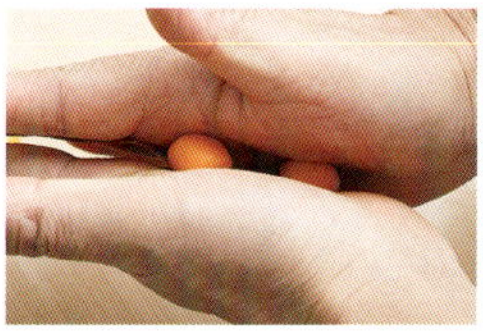

②2つずつ手にとり、てのひらで転がしながら球体にする。

③この球が花びらの1枚1枚に。すべて同じ大きさの球にするのが美しくつくるコツ。

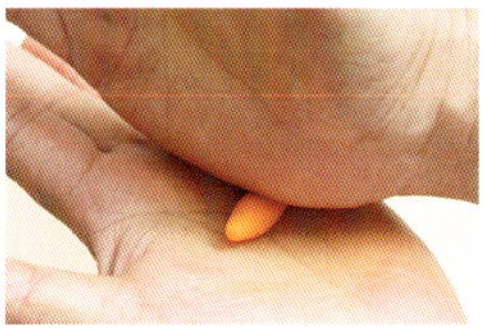

④左手に球をとり、右手のてのひらで軽く押さえて、長さ3.5㎝のなまこ形にする。

⑤ベーキングシートに間隔をあけて並行に置き、上からベーキングシートをかぶせる。

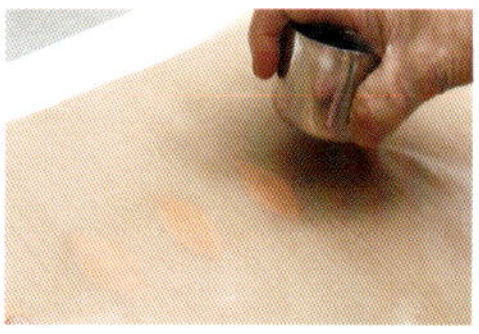

⑥ドーム状のムース型でこするようにしてのばす。中央を厚めに、縁が薄くなるように。

⑦花びらにマジパンスティックで筋を描く。

⑧花びら5枚を、筋を描いた面を表にして、下半分を重ねるようにしてラッパ 形に。

⑨マジパンスティックで、花びらの接着部分を押さえる。花びらの先をカーブさせて表情をつける。

バラ（小）

8枚の花びらを重ねた淡いピンク色のバラは、華やかで上品な印象。花びらを小さくして、主役の飾りの脇に置いても。さまざまなデコレーションに合う、基本となるシンプルなバラ。

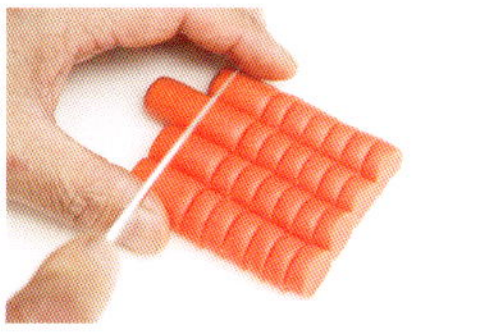

①直径1㎝の棒状にのばしたマジパンをそろえ、長さ8㎜にカット。

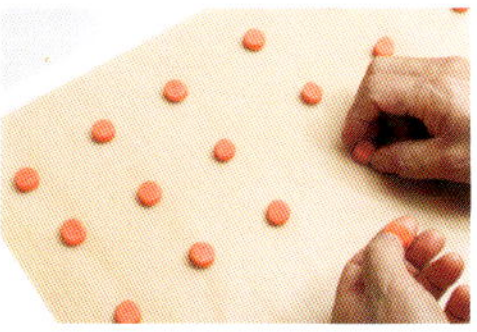

②2つずつ球状に丸め、間隔をあけてベーキングシートに並べ、上からベーキングシートをかぶせる。

③ドーム状のムース型でこするようにしてのばす。団扇形をイメージし、外側を薄くのばす。

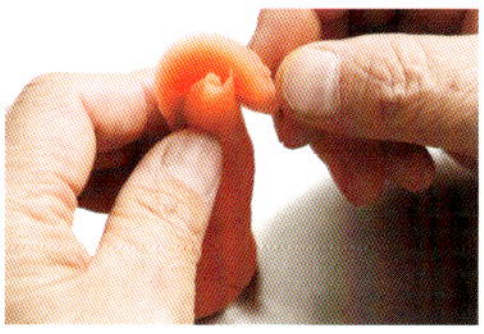

④同色のマジパンで円錐形の台をつくり、芯となる花びらをつけ、花びらを重ねるように巻いていく。

⑤花びらの先端が重ならないよう、ずらしながら巻く。外側の花びらは縁をつまみ、表情をつける。

⑥花びらを巻き終え、形をととのえたら、全体を確認。花とマジパンの台の接着部分を切る。

バラ（大）

華やかな主役の存在感をはなつ大輪のバラは、微妙な濃淡のある2色の花びら22枚を使用。内側に濃い色を、外側8～9枚は淡い色を重ねてグラデーションをつけ、立体感を出している。

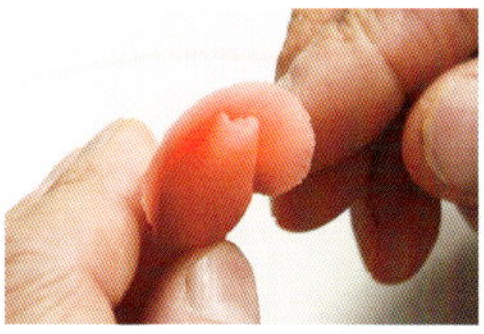

①小さなバラと同じく、内側は花びらの高さをそろえながら重ねて巻いていく。花びらは直径3㎝。

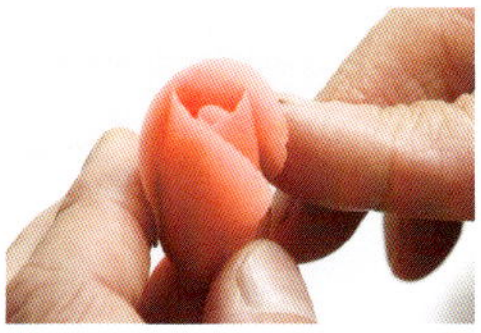

②花びらの先端が重ならないよう、ずらしながら巻いていく。根元を軽く押さえて接着させる。

③13～14枚めから、淡い色の花びらを重ねる。ここから花びらを外側に広げるようにしてつけていく。

「マミーシュガーアート」の
シュガークラフト教室

長女出産を機にシュガークラフトの世界に飛び込み、主婦業のかたわらシュガークラフト教室を開講した田邉美佐紀さん。女性らしい、やわらかくかわいらしい細工は、見る人をやさしい気持ちにさせてくれます。誕生日や結婚式など、大切な日を彩るシュガークラフトの技術を紹介します。

講師を務める田邉美佐紀さん。1991年より「マミーシュガーアート」を主宰。2007年にアメリカ・ウィルトン社の研修を受け、自宅教室では世界初となるウィルトンケーキデコレーションの公認クラスを開講。テレビ用の小道具の製作も請け負う。

「将来、娘にウェディングケーキをつくってあげたい」という思いから、シュガークラフトの世界に飛び込んだ田邉美佐紀さん。「シュガークラフトの楽しさをもっと知っていただきたいので、たとえばウェディングケーキをつくってほしいという依頼があると、『せっかくなので、ご自身でつくってみてはいかがですか』とすすめています。1日だけのクラスもあるので、初心者の方にも気軽に挑戦していただきたいですね」と語る田邉さん。アットホームな雰囲気で、講師をめざす人向けのレギュラークラスから、テーマを絞ったフリーレッスンまで幅広く開講している。

初級クラスでは、シュガーペーストでつくる人形や、シュガーフラワーのカーネーション、ベビーシューズなどの基礎的なテクニックを学び、上級クラスでは、アイシングを筆でのばして柄を描く「ブラッシュエンブロイダリー」の手法や、「エクステンション」と呼ばれる繊細なライン絞りの手法などを学ぶ。

「シュガークラフトの世界は奥が深く、いまもまだ極めたという達成感はありません。身のまわりの道具を活用してつくることも多く、アレンジの幅が広いのも魅力です」。シリコンでオリジナルの型をつくる、弁当のおかず用の型抜きを活用する、手芸本からデザインのヒントを得るなど、自由な発想で創作にとり組んでいる。

「日本ではまだ愛好家は少ないですが、食用認可された色粉など最近は道具も充実しています。アイシングクッキーのような簡単なワークからはじめてもいいと思いますよ」と田邉さんは語る。

土台をつくる

土台には、日もちするドライフルーツのバターケーキを使う。①まず表面をカットして平らにし、底面が上になるようにして置く。ケーキに穴や欠けがあればマジパンペーストを詰めて平らにする。②マジパンペーストを、ケーキの直径＋高さ×2のサイズにのばしてケーキにかぶせ、スムーサーでならす。③シュガーペーストをマジパンペーストと同じ大きさにのばす（色づけするときは、色粉を加えて手でもんでよく混ぜる）。④ケーキの表面に洋酒をぬり、シュガーペーストをかぶせて余分を切りとり、スムーサーでならす。

リボンケーキ

基礎的なテクニックが盛り込まれており、教室では初心者向けのシュガークラフトとして指導しているケーキ。フリルを重ねた大胆なリボン使いが目をひく。トップにあしらった純白のバラは、フラワーペースト（ゼラチンやトラガカントガムなどを加えてコシをつけたシュガーペースト）でつくった「シュガーフラワー」。リアルな質感を出すには高度なテクニックを要するが、ウェディングケーキなどの華やかな演出には欠かせないアイテム。

レースのついたリボン

①フリルには、やわらかくのばしやすいフラワーペーストを使用。白のフラワーペーストを麺棒で薄くのばし、フリルの型で抜く。②リボンには、土台のカバーに使用したシュガーペーストにフラワーペーストを混ぜて使用。青の色粉で着色し、リボンカッターでカットする。③フリルにリボンを重ねて食用のりで接着する。④リボンを、十字になるようにケーキに接着。⑤リボンの結び目は、長さの異なる2枚のパーツでつくる。まず長いほうを折りたたみ、その中心を短いほうで巻く。両サイドにふくらみをもたせるため、リボンの輪に筒を入れて乾かす。

お誕生のお祝いに

白とピンクの淡い色使いと、ベビーシューズを思わせる小さな靴、刺繍のような側面の模様が愛らしいケーキ。靴は、通常はコットンチュールをそのまま使うところを一度砂糖水に浸けて使うことで強度を高め、立体感を出した。靴底の型は、クッキーの抜き型をゆがめてつくったオリジナル。ケーキを食べたあと、靴だけ保存できるのも魅力。

レースの靴

①コットンチュールをオリジナルの型で抜き、砂糖水に浸け、しごいて余分な砂糖水を落とす。砂糖水が残っていると、塊になって見栄えが悪くなってしまう。②靴のつま先部分になるコットンチュールは、卵型のチョコレートモールドにのせて乾かす。靴の側面となるコットンチュールは、筒状に巻いてワイヤーでとめ、靴底の型に沿わせて1日乾かす。③シュガーペーストを靴底の型で抜き、側面のパーツをアイシングで接着。同様につま先部分も接着する。④丸口金をつけた絞り袋で、アイシングをランダムに絞っていく。アルファベットのＳやＭを描くイメージで絞ると美しい。縁にパールのようなドットを絞り、リボンをつけて完成。

側面の模様

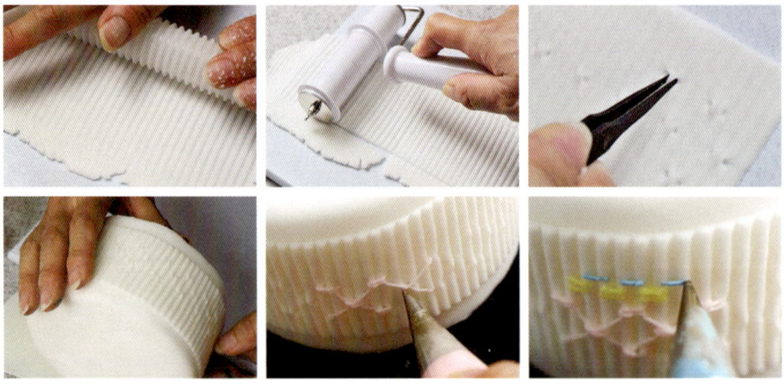

ひだを寄せて模様をつくるスモッキング刺繍に見立てた「スモッキング」といわれる手法。①フラワーペーストを細長くのばし、溝のある麺棒を転がして筋模様をつけ、リボンカッターで好みの長さに切りとる。②ペーストの中央を、筋を2つずつ、筋2本おきにピンセットでつまんでいく。その斜め上と下も同様にして、写真のように3段つまむ。③ケーキの側面に接着し、つまんだ箇所を結ぶようにピンク色のパイピングジェルを絞る。つまんでできたくぼみ部分にもパイピングジェルを絞る。④上段、下段に、写真のように黄色のラインと青色のラインを絞る。

シンデレラの靴

2010年、帝国ホテルで開催された「第1回IHA杯 スイーツアートコンペティション」で金賞を受賞した作品。チュールなどを使わず、アイシングのみでつくった純白のハイヒールが精緻なつくり。靴をのせた台には、繊細なライン絞りをほどこし、ケーキの表面には、バラの模様を型押し。側面には「フィリグリー」と呼ばれる線状の透かし細工をほどこし、蝶のパーツをあしらって華やかさを出した。

アリスのティーカップ

自宅にあった碗でシュガーペーストを型どりしたティーカップに、フラワーペーストでつくった２色のバラを盛り込んだ。バラの間にちょこんと据えたテントウ虫がかわいらしい。色みが単調にならないよう、ツタの葉は白と緑の２色使いに。それぞれの色を葉の形に抜いたあと、緑の葉の端をちぎってから２枚重ねてのばし、シリコン製のマットで葉脈をつける。

思い出のウェディングドレス

女性らしいふくらみが特徴的なドレスのデザインは、19世紀にフランスで流行したクリノリン・スタイルが原型。色とりどりの小さなバラをレースに見立てて１つずつドレスに貼り合わせた。バラは、白、ピンク、ブルー、グリーンのパステルカラーで統一し、やわらかな雰囲気を醸し出す。人形は、髪の毛先をカールさせ、顔はダスティングパウダーで描いてやさしい表情に仕上げた。

クッキー

樹脂粘土などでつくる「スイーツデコ」用の型を活用。ドーナツやプリン、ケーキなどいろいろな型が販売されており便利。

マカロン

シュガーペーストを少量とり、丸めて平たくつぶし、縁を楊枝でほぐすようにしてマカロンの皮に。アイシングをクリームのように絞り、皮を２枚重ねる。大きくつくれば、大型ケーキの飾りにも。

ティーカップ

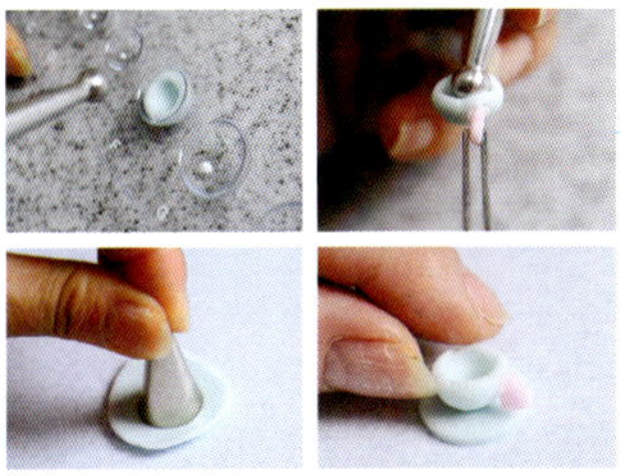

画材道具のカラースケールで半球をつくり、先端の丸い棒でカップ形に。取っ手はハート形のシュガーペースト。ソーサーは口金で抜く。

森のティーパーティー

森の動物たちが集まってひらくティーパーティーがコンセプト。かわいらしい水玉模様のテーブルクロスの上には、菓子やティーセットをかたどった細かなシュガー細工が並ぶ。テーブルのまわりには、オリジナルの型でつくったツタの葉をからませ、石畳の土台の上に、シュガーペーストでつくった愛らしいウサギを座らせた。

ハートや星、花形など、いろいろな形・色のシュガーペーストを常備。色みを足したいときのちょっとした飾りや、カップの取っ手のような細かなパーツに使用。

テーブルマット

手芸のレース編みの本からトレースした型紙を活用。できるだけ細く絞るため、アイシングを裏漉ししてから使う。手を左右に細かく揺らすように絞り、レースの質感を出す。

ティーポット

カラースケールにシュガーペーストを入れ、大小の半球を１つずつつくる。小さいほうの半球に星形のシュガーペーストを埋め込み、大きい半球の上に重ねる。細長くのばして楊枝で穴をあけた注ぎ口を接着し、花形のシュガーペーストを取っ手としてつける。

テーブルクロス

ピンクの色粉を混ぜたシュガーペーストを麺棒でのばし、ストローで抜いた白のシュガーペーストを全体に散らす。「ストローはいろいろな太さがあり、好みの大きさの水玉がつくれて便利」と田邉さん。麺棒で軽く押して水玉模様に。強く押すと、水玉が楕円形になってしまうので注意。円形に切りとって土台のケーキにかぶせ、裾部分に麺棒をあてて、テーブルクロスのひだをつくる。

ミニウェディングケーキ　高さ15cmほどのウェディングケーキで、花嫁が配るプチギフトとしても好評。手前は、マジパン細工の女の子とベリーを飾り、リボンをあしらったシンプルな装い。奥は、段ごとにデザインを変え、下段はパッチワークカッターやロールピンで異なる絵柄をつけたプレートを1枚ずつ貼り合わせた。中段はステンシル仕上げのチェック柄、上段はリボンをランダムにかけてラフに仕上げた。

ガーデンウェディングケーキ

屋外での結婚式をイメージしたウェディングケーキ。新緑を思わせるさわやかな緑色は、ミントグリーンとベビーブルーを混ぜてつくったもの。アイシングの大きなハート模様は、2種類のステンシルシートを使用。デザインに動きをつけている。ウェディングにつきもののカサブランカとバラは、退色しにくいダスティングパウダーでラメづけ。大胆に配置し、全体に華やかさを加えている。

06

「ルワンジュ トウキョー」の
ゴージャスなパーティーケーキ

2011年3月、東京・六本木にオープンした「ルワンジュ トウキョー」は、アート感覚あふれるケーキを提案する新スタイルのパティスリー。バースデーや記念日などのパーティーで人気のオリジナリティー豊かなアイテムのなかから、アメ細工を駆使したオーダーメイドケーキとチョコレートケーキのデコレーションを教えていただきました。

店内中央に置かれた約2mの冷蔵ショーケースの中には、チョコレート細工のリボンを飾った2段重ねのショートケーキやテディベア形のケーキなど6～7品をディスプレー。

店名の「ルワンジュ」とは、「賛辞」を意味するフランス語。「ルワンジュ トウキョー」は、「日ごろから感謝している人や愛する人に感謝の気持ちを込めて贈るケーキ」をコンセプトに、デザイン性に富んだアントルメを厳選した素材を使って提供しているパティスリーだ。ケーキ自体をアート作品ととらえ、これまでにない独自性にあふれたデザインを追求する同店では、異業種のデザイナーと積極的にコラボレーション。デザインから発想し、美しさとおいしさを結びつける手法で、華やかなパーティーシーンにふさわしいアントルメやウェディングケーキを生み出している。

アントルメは定番と季節限定品を合わせて約15品をラインアップ。キルティング柄のバッグをモチーフにした「マトラッセ」、レオパード柄の転写シートでデコレーションした「シャルマン ロゼ」など、エレガントな女性を意識したデザインに加えて、テディベアをモチーフとしたケーキなど、愛らしいアイテムも用意。チョコレート細工やアメ細工、パスティヤージュなどのテクニックを駆使した多彩なアントルメをそろえる。なかでもモナコの国花であるカーネーションをイメージした「フルール ド ショコラ」は人気の品。専用の型とストラクチャーシートで仕込むケーキの独特の質感が、チョコレートでつくる可憐な花の繊細さをきわだたせる。こうしたアントルメには専用台も用意されており、ドライアイスのスモークをたく演出も可能。ユニークで完成度の高いデザインは、企業イベントなどでも人気をよんでいる。

長年、磨き上げてきたテクニックを駆使して、松岡さんが製作したアメ細工のピエスモンテが、店内を飾る。隣にはマカロンタワーも。

「資生堂パーラー」「ホテル日航東京」を経て、2011年3月、「ルワンジュ トウキョー」のシェフに就任した松岡浩太郎さん。「ジャパンケーキショー2010」アメ細工のピエスモンテ&アントルメ部門優勝など、コンクール受賞多数。

LAPUTA（ラピュタ）

レアチーズケーキの中にオレンジクリームとパッションクリームをしのばせたエキゾチックなアントルメ「タヒチ」にアメ細工を組み合わせた華やかなオーダーメイドケーキ。イメージは「夏の避暑地」。流しアメと引きアメでつくった紫と白、透明のパーツで涼やかに仕上げた。タヒチには生クリームを上がけし、粉糖、ナパージュでデコレーション。側面はキューブ形のシュトロイゼルで楽しげに。

空間を華やかに演出する
アメ細工のデコレーション

左／ケーキ中央の直径12cmの円の中にメインのアメ細工をセッティング。
右／フリーハンドでつくった2枚のアメを球形のアメで2段重ねに。

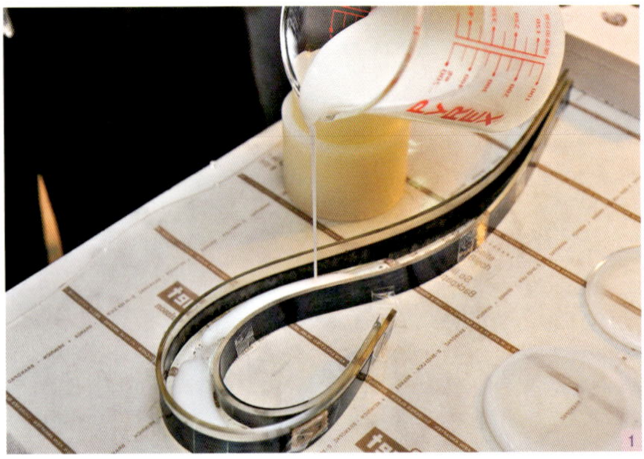

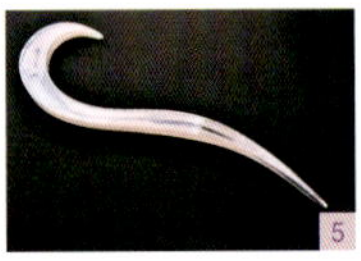
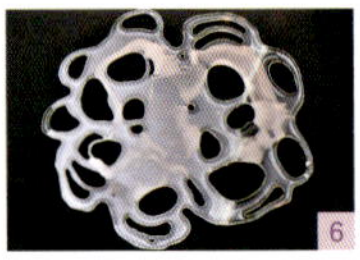
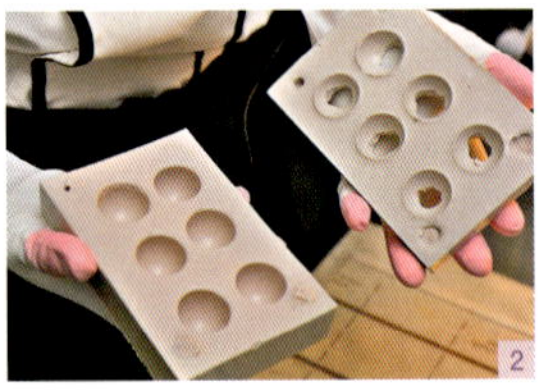

1 透明のアメと白い色粉を加えたアメを用意。幅3cmにカットした塩化ビニルとアルミ板でつくった手製の型に透明、白、透明の順に160℃のアメを流し、マーブル状に。2 ビー玉で型どりしたシリコン製の型。3 透明、白、透明の順にアメを流し入れ、マーブルの球をつくる。4 フリーハンドでケーキの台をつくる。アメの温度は140℃。白いアメを流したあと、すぐに透明のアメを上からかけて白いアメの動きをとめるのがポイント。5 細工の軸となるパーツ。6 フリーハンドの台は直径約25cm、30cmの2枚を用意。

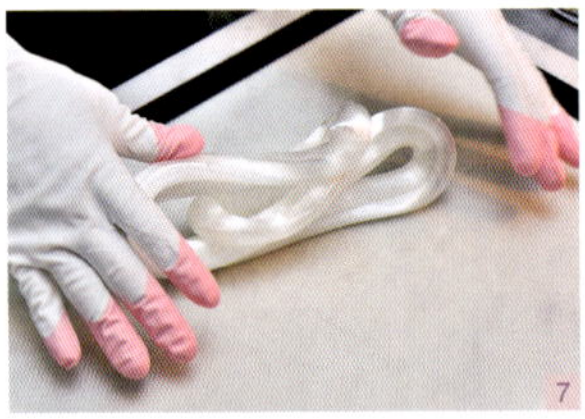

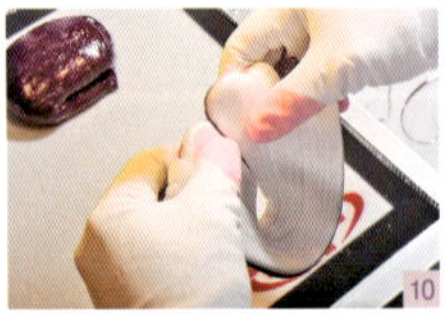

7 引きアメはパラチニットを170℃まで熱して大理石に流し、ムラなく冷ましながら3つ折りをくり返し、空気を含ませる。約70℃になったら1つにまとめ、アメランプの下で温度を保つ。8 花用に薄紫と濃い紫の2色のアメを引く。9 薄紫と濃い紫のアメでリボンをつくる。それぞれ棒状にのばしたアメを3本にカットして横に並べて接着し、濃淡2色の紫を上下に重ねる。10 左右に引きのばし、中央でカットしたアメを横に並べて接着。この作業を4、5回くりかえし、つやを出しながら薄くのばしていく。11 長さが120cmになったらナイフで15cmにカットし、細部に動きをつける。

アメ細工では温度が重要。パラチニットは170℃に熱し、色粉を加えて白、薄紫、濃い紫のアメを作成。白と透明を流しアメに使うが、型に流す際は160℃、フリーハンドは140℃で流すと作業しやすい。一方、濃淡の紫を使う引きアメは空気を含ませながら均一に冷やし70℃で成形。組み立て時は、パーツを20～30℃に保つと壊れにくい。

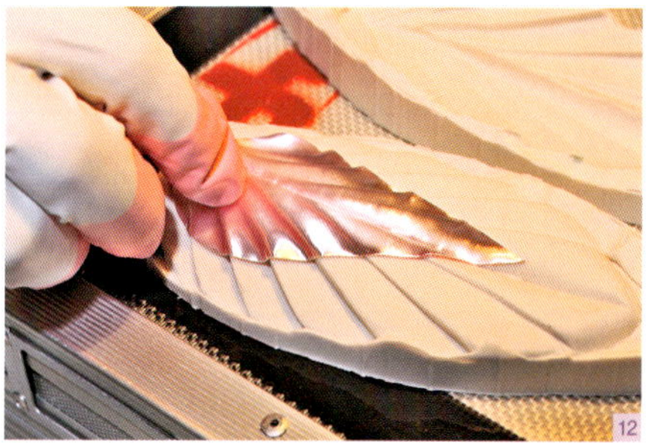
12

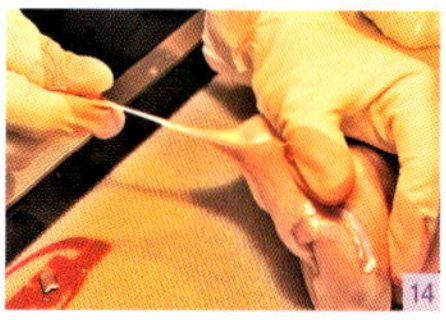
14

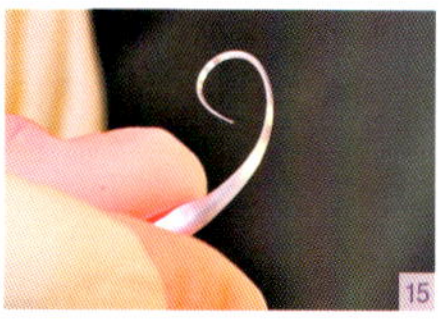
15

16

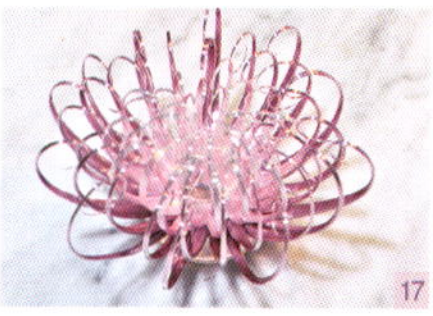
17

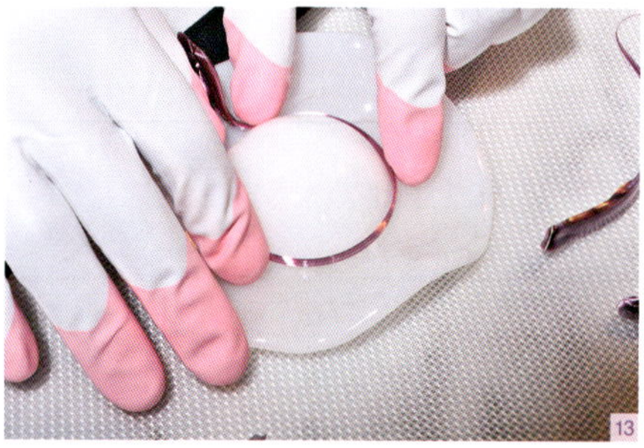
13

12 指でこするように薄く引きのばしたアメをシリコン製の型にはさみ、葉をつくる。13 セルクル型に流した円形のアメに半球形のアメを接着して帽子に。細長いリボン状のアメを半球の縁にはめる。14・15 花びらをつくる。アメの塊の一部を小指の爪程度の大きさに折りたたみ、こするように引きのばしたのち、左手で引き切って先を丸める。16 直径6cmと3cmの球の1点をバーナーで溶かして接着。3cmの球の周囲に薄紫色の花びらのパーツを10本接着する。17 花びらの間を埋めるように2列め、3列めを接着。4列めから濃い紫色のパーツを3列分つける。最後に長めにつくった花びら3～4本をバランスよく接着。

18

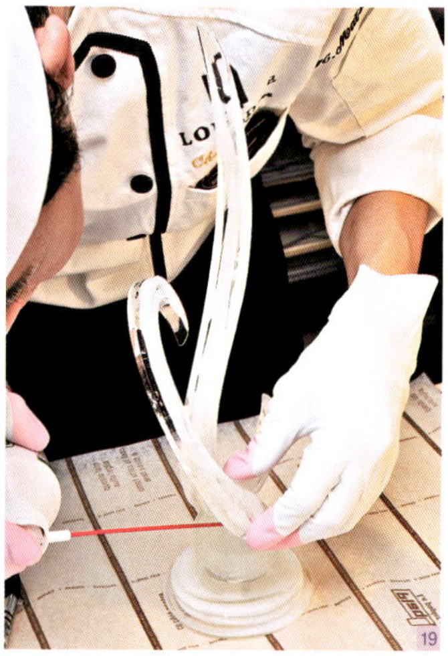
19

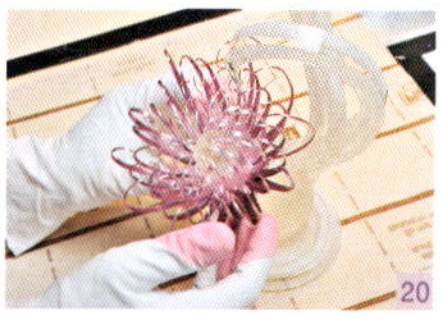
20

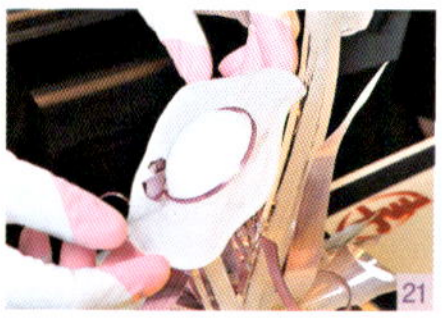
21

18 フリーハンドでつくった直径約30cmの台に直径6cmの球形を4個接着。上部に同じ球形を3個つけ、直径約25cmの台をのせる。19 セルクル型に流し固めた直径11cm、10cm、9cm、8cmのアメを、大きいほうから順に重ねて土台をつくり、直径6cmの球形を接着。目立たない場所に補強用のアメをつけ、流しアメでつくった軸2本を接着し、すぐに冷却スプレーで冷やし固める。20 軸に接着用のアメを少量つけ、花のパーツを接着。葉やリボンをバランスよく飾る。21 軸に帽子のパーツ、直径3cmの球形をつけて完成。

シャルマン ロゼ

エレガントな女性をテーマに開発した、バラの香りただようケーキ。24㎝のトヨ型にレオパード柄の転写シートをセットし、ローズエキスと馬プラセンタ入りのフロマージュブラン、フランボワーズのジュレ、ライチのムース、ピスタチオのビスキュイ、野バラのジャムでコーティングしたアーモンドビスキュイを重ねる。仕上げは、ローズ風味のナパージュをかけて、金箔と食用のベルローズ、クロコダイル柄のチョコレートでデコレーション。

クレイジー パッション

モダンな幾何学模様のオリジナル転写シートを直径18㎝の型の内側にセットし、オレンジ風味のダコワーズ、ピスタチオ入りビスキュイ・ジョコンド、ヨーグルトムース、パッションフルーツのエキゾチッククリーム、キャラメリゼしたリンゴを重ねる。表面にはレモン、パッションフルーツ、ブラッドオレンジのゼリー。セルクル型にまずレモンのゼリー液を流し、冷やし固めたらひとまわり大きな型に移して次の液を流す要領で、３色のグラデーションをつくる。

マトラッセ

モチーフはキルティング柄のバッグ。10×21㎝の型にストラクチャーシートをセットし、ドンペリニヨンのシャンパンムース、マンゴーブリュレ、ピスタチオムース、パイナップルのソテーを仕込み冷凍。ピンクと白のカカオバターを２回ピストレがけし、イチゴ、フランボワーズ、ブルーベリーとフランボワーズガナッシュのマカロン、ボタンをイメージしたホワイトチョコレートを盛りつけ、アメ細工の持ち手をつける。チョコレート製のルージュを添えて。

「フルール ド ショコラ」の デコレーションテクニックをチェック！

フルール ド ショコラ

フランス製のキューブ型とストラクチャーシートで成形したケーキにピストレで質感を加え、カーネーションをイメージしたチョコレート細工を飾る。ベースはアールグレイ風味のチョコレートムースとメープル風味のマスカルポーネチーズのムース。へーゼルナッツのビスキュイ、クルミのキャラメリゼ、板チョコレートを間にはさみ、食感にアクセントをプラス。

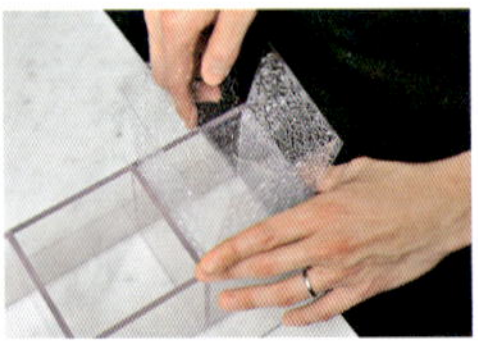

10㎝角の立方体を3個連結したプラスチック製の型にストラクチャーシートをセット。ムースを流して冷やし固めると、表面に唐草のような模様がつく。

01

ホワイトクーベルチュールを着色し、テンパリング。10%のサラダ油を加え、60×40㎝の天板1枚にのばす。冷蔵庫で3時間以上冷やし固める。

02

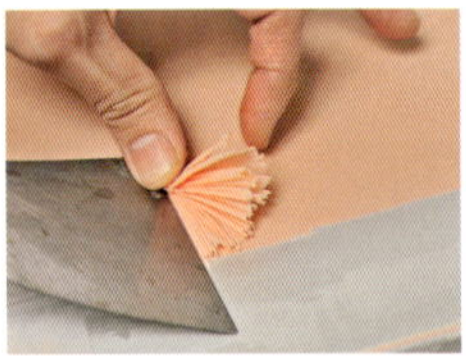

チョコレートを18～20℃にもどす。三角パレットを右手に持ち、左手の親指でパレットの左端を押さえながら、幅5㎝、長さ15㎝分を削る。

03

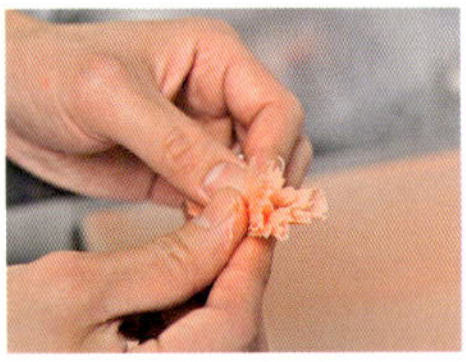

押さえていた左端をまとめ、軽く指で押さえて長さ1㎝ほどの軸をつくる。これが花びらのパーツになる。

04

1台のケーキに使うチョコレートは天板1.5枚分、約100g。花びらのパーツは冷蔵庫で冷やし固めておく。

05

9分立てにした生クリームを口径17㎜の丸口金で円形に3段絞り重ねて高さ5㎝の山に。クリームの下部に花びらのパーツを対角線上にさす。

06

最初にさした花びらの間に、隙間があかないようにパーツをさしていく。2段め以降は花びらが少し上向きになるようにして、同じ作業をくり返す。

07

こんもりと丸い形になるように、離れた場所から全体の形を確認。生クリームの白色が見えなくなるまで花びらのパーツをさしていく。

08

生クリームが見えている部分を中心に、直径6㎜のアラザンを適宜散らし、ロゴカードをさして完成。カーネーションの部分は高さ約10㎝。

メロンボンボン

直径18㎝の型で焼いた共立てのスポンジ生地を３枚にカットし、アンデスメロンと生クリームをサンド。直径1.5㎝にくり抜いた静岡県産マスクメロンを４分の３玉分トッピングした季節限定品。表面に８分立ての生クリームをぬってコームで側面に水平のラインを入れ、６分立ての生クリームを上面に広げてサイドにたらす。メロンにナパージュをかけ、アメ細工の蝶とアラザンを飾り、側面にアーモンドスライスとピスタチオをあしらう。

07

「菓子工房 ルーヴ」の
オリジナルウェディングケーキ

年間1500台ものウェディングケーキを受注している、香川・高松の「菓子工房 ルーヴ」。新郎新婦の人形を飾ったもの、メッセージを書き込んだブック形、1mを超える高さでインパクトを出したマカロンタワー、アメ細工やチョコレート細工をあしらったモダンなデザインなど、ウェディングケーキのさまざまなスタイルを紹介します。

ウェディングドール

「音楽が好き」という新郎新婦をかたどった人形をケーキの上に。「ウェディングドール」は、以前はマジパンでつくっていたが、現在は記念として持ち帰ってもらえるよう、セラミック粘土で製作。窯で焼くと陶器のように固まり、半永久的に保存できるのが、セラミック粘土の利点だ。人形をのせたステージも、ルーヴスタッフの手づくり。土台は、下が直径40㎝、上が直径25㎝のショートケーキ。カーブをつけて成形したホワイトチョコレートをまわりに飾って動きを出し、真っ赤なベリーで色彩にアクセントをつけている。

今回、ウェディングケーキを製作した4人のスタッフ。左から、ウェディングドールづくりが得意な高須民枝さん、製造部門を指揮する統括部長の安井文崇さん、ウェディングケーキ専任スタッフの鳥井清加さんと北嶋浩輔さん。

「菓子工房 ルーヴ」は、香川県高松市の人気パティスリー。本店の空港通り店は、生菓子、焼き菓子、和菓子、ギフト商品など、100種類を超える幅広いアイテムをそろえ、1日平均500人、週末はじつに2000人を集客する超繁盛店だ。そんな同店が、店舗営業と並行して力を入れているのが、ウェディング事業。同店には年間1500件以上のウェディングケーキのオーダーが入るという。同店では、過去の実績をもとに、スクエアやハート形など100台ものタイプの異なるウェディングケーキを載せたカタログを作成しているが、お客との打合せを経てデザインをおこすオーダーメイドケーキの人気も高い。

オーダーメイドケーキの製作期間は約1ヵ月。専任のスタッフがお客と打合せをし、ケーキのイメージをイラスト化。そのイラストをもとに、パティシエがケーキに再現する。ケーキは、新郎新婦の姿や思い出を表現したものや、メッセージを入れたブック形、「マカロンタワー」のように高さを出したもの、アメ細工やチョコレート細工の技術を駆使したデザイン性の高いものなどさまざま。気をつけているのは、細工とはいえ、あくまでも食べることを前提に、やさしい色みに仕上げること。そして、細工が破損しないよう、保形性にも充分に気を配る。

「非日常的な式場の空間に負けないインパクトのあるケーキをつくりたい。そのためにもスタッフ全員、デコレーション技術の向上に努めています」と統括部長の安井文崇さん。同店には30余名のパティシエがいるが、そのほとんどがウェディングケーキの製造や納品にかかわっており、ウェディングドールやマカロンタワーなどの装飾品も、分業して製作している。

ルーヴ空港通り店の店内の一角には、ウェディングケーキや引き菓子などのオーダーに対応する打合せスペースがある。

「ウェディングドール」のつくりかた

01

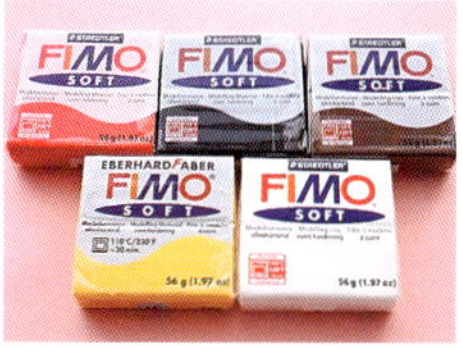

多彩な色がそろうセラミック粘土だが、ここで使うのは赤、黒、茶、黄、白色の5色。

02

赤と黄色を混ぜてオレンジ色をつくり、白色を足して肌色に。マジパンと同様、色を混ぜて使う。

03

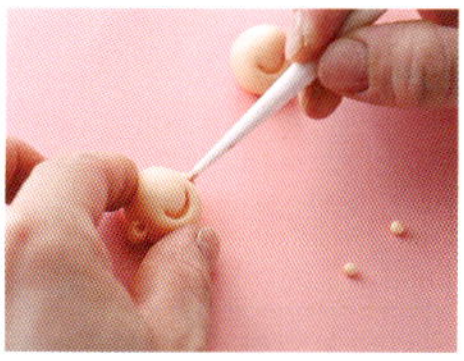

適量を丸めて頭部を形づくる。マジパンスティックで口を描き、小さく丸めた耳をつける。

04

肌色の粘土を小さく丸めて鼻の位置につけ、黒色の粘土を小さく丸めて目の位置につける。

05

細くのばした茶色の粘土を新婦の髪に。細かな作業が愛らしい表情をつくる。

06

頭部、胴体など各パーツをオーブンに入れて焼き固めたあと、ボンドで接着して組み立てる。

新郎新婦のお互いを見つめ合う表情がポイント。ドレスの色や人形のポーズは、お客の要望をとり入れている。新婦のベールに使っているコットンチュールや、ステージのハート形の小物は、手芸用品店で購入。

メッセージブック

ゲストへの感謝と誓いの言葉を書いた、本の形のウェディングケーキ。土台は、32×58㎝のショートケーキで、開いた本のふくらみを出すために、２枚のスポンジ生地の間にロールケーキをはさんでいる。側面も、コームで横にラインを引いて、本の厚みを表現。赤、白、紫色のバタークリームでつくったバラの花と、文字の配列に細心の注意をはらったメッセージがデコレーションのポイント。

上／イラストレーターがお客の要望をイラスト化。色みや使用素材も細かく記載。
左／取引先の式場に置かれているルーヴのウェディングケーキカタログ。スクエア、ハート形など約100台の写真を掲載。

マカロンタワー

高さ1m20cm。直径40cm、高さ20cmのケーキの上に、パステルカラーのマカロンタワーをのせた、カラフルなウェディングケーキ。タワーは、円錐形にした厚紙の上にアイシングをぬり、乾燥させたマカロンを貼ってつくる。タワーのトップやケーキにブーケを飾り、紙粘土でつくったマカロンをさして華やかさをプラス。ケーキの側面も、クリームの絞りでデコレーションをほどこし、ピンク色のハート形チョコレートを流れるように飾って、エレガントな印象に。

ロングショート

長さ1mという斬新なデザインのケーキは、“和”がテーマ。「夏のウェディング」をイメージして、透明感のあるアメ細工をメインに、マカロン、ホワイトチョコレートを使ってケーキを飾った。「和の演出は小物に頼ることが多く、使用素材もあんや抹茶など“ベタ”な感じになりがち。もっと洋菓子の技術を活用して、モダンな和を提案したいと思いました」と安井さん。クリームを淡い緑色に着色し、全体を落ち着いた色合いに。マカロンは抹茶、和三盆、ユズと和のフレーバーで統一。ケーキをのせる台も漆塗り風の紙を貼り、和の印象を強めている。

クラシックスクエア

秋をイメージして、葉っぱと小枝をかたどったチョコレート、パイクラム、クリと季節のフルーツでシックにデコレーション。大きなメッセージプレートはマジパン製で、バーナーで焦げ目をつけて、古い巻きもの風に。サントノーレ用の口金でケーキの縁にクリームを絞り、クラシカルで大人っぽい雰囲気に仕上げている。ケーキは35×55㎝。

「巻きもの風メッセージプレート」のつくりかた

01

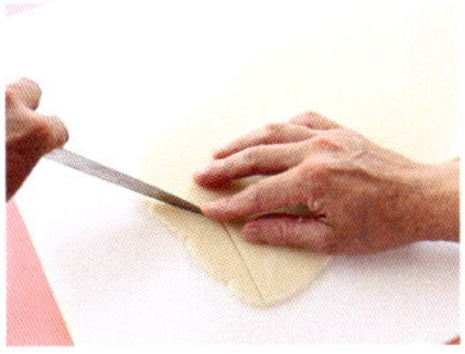

マジパンを約20×30㎝に薄くのばし、両端をナイフでカット。

02

両端をクルクルと1～2回内側に巻く。巻く過程でマジパンが多少ひび割れるが、気にしなくてよい。

03

バーナーで表面にランダムに焦げ目をつけて、アンティーク感を出す。マジパンのひび割れも"年代物"を演出。

04

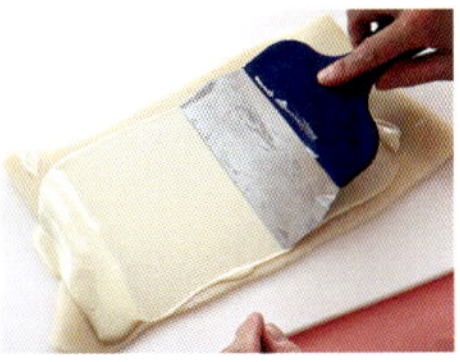

やわらかなマジパンに強度をつけるため、焦げ目をつけた面の裏にホワイトチョコレートをぬる。

05

ホワイトチョコレートを固める際、丸めたラップフィルムなどを下にかませると、古い巻きもの風に。

06

ホワイトチョコレートが固まったら、スイートチョコレートをコルネに入れ、メッセージを書き込む。

ルーヴのウェディングケーキは「見て楽しく、食べておいしい」がモットー。秋をイメージしたデコレーションに合わせ、ケーキも紅茶風味のクリームとスポンジ生地を重ねて"秋色"に。

08

「ラトリエ・ドゥ・マッサ」の

アイデアデコレーション

2011年３月のオープン以来、バースデーケーキから大型のウェディングケーキまで、多種多様なアニバーサリーケーキを手がけている「ラトリエ・ドゥ・マッサ」の上田真嗣さん。カラフルな色彩と細かなディテールにこだわったデコレーションで、ハレの日のサプライズを演出。ストーリー性を重視した、独創的なデザインが注目を集めています。

オーナーシェフの上田真嗣さん。大学卒業後、「ルコント」（東京・青山）にて5年半の修業を経て渡仏。「ブイエ」（リヨン）や「ラデュレ」（パリ）などで研鑽を積み、2009年に帰国。「ティータイム」（兵庫・神戸）を経て、11年3月、神戸・岡本に「ラトリエ・ドゥ・マッサ」をオープン。

上／ショーウィンドーにはシュガーケーキをディスプレー。右／店内に設置したモニター。デコレーションケーキの写真をスライドで見せている。

フランスからとり寄せている製菓用着色料は約20色。複数の色を混ぜて、微妙なニュアンスの色彩を表現している。

東京の「ルコント」で独創的な発想と表現力を、パリの「ラデュレ」で華やかな装飾を学んだ上田真嗣さん。オーナーシェフとなった「ラトリエ・ドゥ・マッサ」では、それらの経験で培った発想力と技術を発揮して、毎月平均8〜10台、フルオーダーのアニバーサリーケーキを製作している。

上田さんが心がけているのは、サプライズのある演出だ。「ケーキを囲むシーンとその主役の表情が、ぱっと明るく、華やかになるようなインパクトをもたせたい」と上田さん。発想のポイントはストーリー性。製作にとりかかる前に、目的や主役の人物像からストーリーをふくらませ、全体のイメージを決定。そして、主体となる特徴的なモチーフを決め、構成要素を考案して細部に落とし込んでいく。モチーフを形にする際には、インターネットを活用。できるだけ本物のイメージを損なわないよう、さまざまな方向からの画像を確認し、抽象的にかわいらしく、あるいはリアルに美しく、再現するようにしている。

着色料は彩度の高いフランス製を使用。マジパン、プラスチックチョコレートなどを鮮やかに彩色できるよう、色数も豊富に用意している。また、フランボワーズやブルーベリーなど、鮮烈な色彩のフルーツをとり入れ、着色だけでは表現しきれない濃淡を生み出すようにしている。

「色使いやデザインのヒントになれば」と修業時代には頻繁に美術館に足を運び、絵画を鑑賞していたという上田さん。現在でも製作に際しては美術書などを開き、アイデアを得ているという。

お父さんのバースデーケーキ

ゴルフ好きの父親へのバースデーケーキは、ゴルフコースをモチーフに。ゴルフクラブやキャディーバッグなど細かなディテールを、マジパンでかわいらしくデフォルメ。ゴルフ場でのワンシーンを思い描きながら、カラフルな色彩で表現している。表面をおおうマジパンは、キルシュやコアントローで香りをつけ、甘さを調整しながら、食べてもおいしい仕上がりにしている。

淡いグリーンのケーキに映えるよう、ビビッドな色彩のパーツを用意して、楽しさを演出。パーツはマジパンを使って前日までにつくり、曲がらないように乾燥させて強度を高めておく。

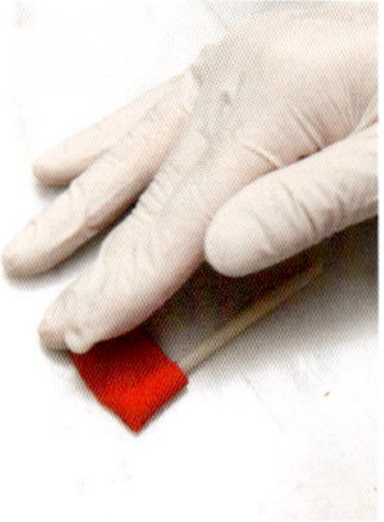

まっすぐに立てたいポールやクラブなどは、それぞれのパーツを成形したあと、半日から1日おき、ある程度固めてから接着。パーツの接着には水アメを使い、接着させたあとは、常温に置いて乾燥させる。

「お父さんのバースデーケーキ」のデコレーションテクニックをチェック！

01

フルーツと生クリームをはさんだスポンジ生地に、バタークリームをナッペ。フォンダンと粉糖を加えた緑色のマジパンを厚さ1.5㎜にのばし、ケーキにかぶせる。

02

表面を軽く押さえて密着させ、裾部分まできれいにおおう。角部分はシワにならないよう、少しのばしながら密着させる。はみ出した部分はナイフでカットする。

03

回転台にのせ、淡い緑色に着色したカカオバターをピストレで吹きつける。噴霧液が広範囲に飛び散るので、周辺が汚れないように大きな箱でまわりを囲う。

04

コーティングに使用した緑色のマジパンを直径7㎜の棒状にのばす。ケーキの裾にぐるりと巻き、軽く指先で押さえて接着。巻き終わりを巻きはじめに重ね、ナイフで切る。

05

濃い緑色に着色したマジパンを型抜きして上面右奥に配置、ホールの位置を決めて旗をさす。その横にコテを使ってくぼみをつくり、アーモンドダイスを敷く。

06

キャディーバッグの位置を決めて置く。完成後に倒れないよう、底面に水アメをつけて接着しておく。バッグの中に、配色を考えながら、ゴルフクラブをさし入れる。

07

正面の側面に、ゴルフクラブやゴルフボールなどの小物を並べる。バランスよく位置を決めたあと、移動時にはずれたりしないように、水アメで固定する。

08

ホワイトチョコレートのプレートに、チョコレートでメッセージを書く。丸めたマジパンにプレートを立てかけて、スコアシート用の鉛筆に見立てたパーツを添える。

娘の成人のお祝い

プラスチックチョコレートでつくった真紅のバラを主役に、大人の女性のエレガントなイメージを表現。いままさに飛翔しようとしている蝶に、社会へ羽ばたく娘への祝意を込めた。上段から下段へと大小のバラを飾り、アイシングでラインを描いて流れるようなフォルムに。鮮やかな赤のフランボワーズをあしらい、色彩のアクセントとしている。土台は、スポンジ生地にイチゴと生クリームをはさんだショートケーキで、ピンク色のマジパンでおおっている。

09

「ラ・プティ・シェリー」の

マカロンたっぷりプチアントルメ

色とりどりのマカロンと、たくさんのハート形チョコレートを飾ったキュートなデコレーションケーキ。菓子教室「ラ・プティ・シェリー」を主宰する小林かなえさんのつくるケーキは、女性のイメージする「かわいい！」を表現しています。

地下1階にある約30坪の教室は、白を基調とした明るい雰囲気。家でも同じようにつくることができるよう、使用する製菓道具も販売している。

カラフルでコロンとした形がかわいいマカロンは、お祝い用のケーキにぴったりです！

菓子教室「ラ・プティ・シェリー」を主宰する小林かなえさん。パリ「リッツ・エスコフィエ」を卒業後、「ホテル・リッツ」「オテル・ド・クリヨン」などで製菓の経験を積む。1997年に京都で同教室を開講。2006年には、教室から徒歩30分の場所に「パティスリー カナエ」をオープンし、11年8月まで教室と並行して営業。

京都で1997年にスタートした菓子教室「ラ・プティ・シェリー」。講師は、パリの「リッツ・エスコフィエ」で製菓を学び、「ホテル・リッツ」をはじめ、数々の名店で経験を積んだ小林かなえさん。ベーシックなフランス菓子を中心に、パリの流行をとり入れた菓子や、小林さんのオリジナル菓子が学べる教室は、少人数制によるていねいな指導法でも評判をよび、いまでは350人以上の生徒を擁する人気教室に成長した。また、教室開講10年めの2006年10月から11年8月までの約5年間は、菓子教室と並行して、実店舗「パティスリー カナエ」を運営。菓子教室でも人気の高いオリジナルレシピのマカロンをはじめ、カラフルで華やかな菓子を提供し、話題を集めた。

ここで紹介しているアントルメは、パティスリー カナエで提供していた、記念日を祝うデコレーションケーキ。教室でつくったケーキをブログに載せたところ、「ブログで見たケーキがほしい」というお客の声が多く、予約販売でつくっていたそう。デコレーションの主役は、マカロンと大小のハート形チョコレート。女性が「かわいい！」と思うような華やかな仕立てが特徴だ。「マカロンをのせるとインパクトがあるので、凝ったチョコレート細工やクリームの絞りは必要ありません」と小林さん。直径12㎝という、カップルで食べきれる小さなサイズも、女性の関心をひきつけるポイントだ。

教室でつくる菓子の数々。「菓子づくりにかかわるすべてを楽しんでもらいたい」（小林さん）と、華やかさや繊細さ、季節感をプラスしたケーキを提案。写真右は「白ごまのムース」、下は「フランボワーズのムース」（左）と、パイ生地にカスタードクリームとフルーツをたっぷりのせた「フィユテ・オ・フリュイ」（右）。

婚約記念のお祝いに
「フレジエ」

スポンジ生地にイチゴと生クリームをはさんだ「フレジエ」（直径12㎝）を、マカロンと大小さまざまなハート形チョコレートでデコレーション。マカロンは、「フランボワーズ」「ローズ」「いちごみるく」とピンク系の色（フレーバー）で統一して、かわいらしく仕上げた。

誕生日祝いに
「フリュイ・ルージュ」

クレーム・ダマンドを詰めて焼き上げたタルトに、たっぷりのイチゴと３種類のマカロンをトッピングしたにぎやかなケーキ。スポンジ生地に比べて安定感のあるタルトは、マカロンやフルーツをたっぷり盛り込むことができる。

トッピングの材料は、マカロン、イチゴ、フランボワーズ、ミントの葉。飾り用・メッセージ用のハート形チョコレートプレートも事前に用意しておく。

マカロンは、デコレーション後の湿気を防ぐため、クリームと接する3分の1部分をホワイトチョコレートでコーティング。

「フリュイ・ルージュ」の デコレーションテクニックをチェック!

01

タルト台にクレーム・パティシエールを渦巻状に絞る。このあとフルーツをのせるので、クリームはあえて縁ぎりぎりまでは絞らない。

02

円周に沿って、縦半分にカットしたイチゴを立てるようにして置く。

03

イチゴでまわりを美しく飾ったら、正面を決め、正面から美しく見えるように、内側にもイチゴを並べていく。

04

ホワイトチョコレートで一部をコーティングしたマカロンをのせる。コーティング部分を下にして盛りつけ、隙間にフランボワーズを飾る。

05

マカロンをさけて、フルーツにナパージュをぬる。ベリー類が光沢をはなち、つややかな表情に。

06

ピンクと白のマーブル状チョコレートプレートは、大中小の3サイズのハート形。ホワイトチョコレートのハート形プレートには、心のこもったメッセージを。

07

メッセージ入りのチョコレートプレートを立てる。立体的な盛りつけで、ゴージャス感がアップ。

08

全体の配色と立体感に気を配りながら、ハート形チョコレートを飾って完成。

10

「ル・カフェ・マミィ」の
カフェのバースデーケーキ

フランスのカフェを思わせるたたずまいと手づくりの焼き菓子が人気の「ル・カフェ・マミィ」。オーダーメイドのバースデーケーキは素朴な焼き菓子にあたたかみのあるデコレーションをプラス。オリジナリティーにあふれたキュートなデザインに仕上げています。

オーダーメイドケーキはシンプルな焼き菓子をアレンジしています!

オーナーの名津井麻真さん。アパレル企業勤務を経てル・コルドン・ブルー代官山校でフランス菓子を学ぶ。「シェ松尾」勤務後、1994年4月、東京・目黒に「ル・カフェ・マミィ」をオープン。フランスの素朴な焼き菓子が好評。

ローズケーキ

バター、砂糖、卵、粉を同割で合わせる同店定番の「キャトルキャール」をバラの花の形に焼いた。型はサンフランシスコのキッチン用品店「ウィリアムズソノマ」で購入。全体に花びら状の溝がある、ユニークなフォルムが特徴だ。地味になりがちな焼き菓子を、形そのもので華やかに演出する。

店内ではタルトやガトーバスクなど約10種類の焼き菓子を提供。素朴さのなかにかわいらしさやセンスが感じられるデザインに。

「日常的なおやつとして楽しんでもらえる上質な焼き菓子を提供したい」と、1994年に「ル・カフェ・マミィ」をオープンした名津井麻真さん。「フランスの焼き菓子の素朴なおいしさを、日本でももっと手軽に味わってほしい」という、オーナーの思いが詰まった同店の菓子は、生地のおいしさが味わえるシンプルな焼き菓子が中心だ。

オーダーメイドでつくるデコレーションケーキも、ベースとなるのは素朴であたたかみのある焼き菓子。「アントルメのデザインは、箱からぱっと出したときに『かわいい!』と言ってもらえるかどうかを意識しています。味とデコレーションのバランスを考えながら、素朴だけれど、素敵に見えるケーキをめざしてレシピを考えています」と名津井さん。たとえば、ショートケーキタイプの「デコレーションケーキ」は、カットしたイチゴの面を裏表ランダムに並べ、文字入りのクッキーを飾ることで手づくり感をプラス。「ウェディングケーキのような2段重ねのケーキをもっと日常的に楽しみたい」と考案した「アニバーサリーケーキ」は、キャトルキャールの生地の色合いを生かしつつ、ホワイトチョコレートとドライストロベリーを彩りよくコーディネートし、パティスリーのケーキとはひと味違った、ぬくもり感を演出している。同じキャトルキャール生地をローズ型の焼き型に流して焼いた「ローズケーキ」など、焼き型の個性を生かしてシンプルに仕上げたアントルメも好評だ。

デコレーションケーキ

下からスポンジ生地、イチゴと生クリーム、スポンジ生地、ラズベリークリーム、スポンジ生地を重ね、生クリームでデコレーション。イチゴとミントを飾り、3㎝のセルクルで抜いてアルファベットを書いたクッキーをトッピング。

アニバーサリーケーキ

「ウェディングケーキのような２段重ねのケーキを記念日に気軽に楽しんでほしい」と素朴な焼き菓子をかわいらしくデコレーション。キャラメル風味のキャトルキャールやホワイトチョコレートの甘さにドライストロベリーの酸味がよく合う。配送も可能。

土台は直径18cmと12cmの「キャトルキャール」。キャラメル入りの生地を180℃で約45分間焼成し、型からはずして表面を平らにカットする。

粉糖、卵白、赤色粉でピンクのアイシングを作成。三角形に切った硫酸紙を丸めてコルネをつくり、描きたい線の太さに合わせて先をカットする。

「アニバーサリーケーキ」のデコレーションテクニックをチェック！

01

無塩バター、グラニュー糖、全卵に、お湯とグラニュー糖を加熱してつくったキャラメル、薄力粉、ベーキングパウダーを合わせた生地を直径18cmと12cmの型で焼成。

02

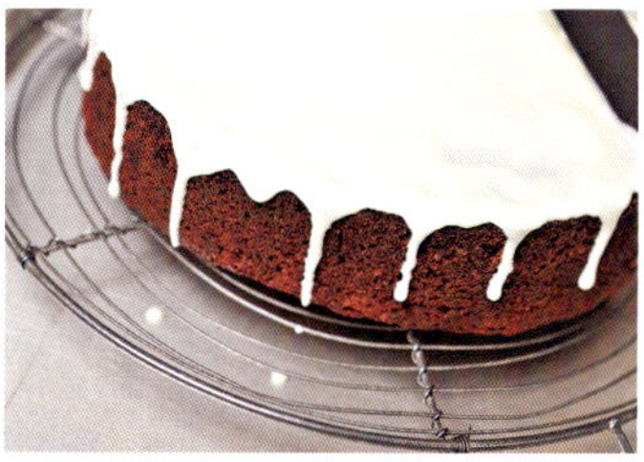

ホワイトチョコレート（下段用120g、上段用50g）を湯煎で溶かし、それぞれのケーキの中央に流してパレットナイフで端まで広げ、2.5～3.5cm間隔で側面にたらす。

03

ケーキの接着をよくするため、冷蔵庫で5～10分間冷蔵。指でさわると小さなツノが立つ程度にチョコレートが冷えたら、下段のケーキの中央に上段のケーキを重ねる。

04

上段のケーキの中央に直径7cmのセルクルを軽くあてて、アラザンを飾りつけるための印をつける。セルクルのあとはドライストロベリーで隠れて見えなくなる。

05

セルクルのあとに沿って、6号のアラザンを等間隔に8個並べる。1個めの対角線上に2個めを置き、その間を二分するように置いていくとバランスをとりやすい。

06

下段のケーキの外周から約1.5cm内側に16個のアラザンを等間隔に並べる。2個を対角線上に置き、その間を二分する位置に2個を置いたのち、間に3個ずつ並べる。

07

5mm角にカットしたドライストロベリー20gをセルクルでつけた線の上と内側に山形に盛りつける。チョコレートが見えないよう隙間なく並べるときれいに仕上がる。

08

ピンクのアイシングをコルネに詰めて先を1mmほどカット。下段のアラザンと上段のケーキの中間の位置に、アラザンと同じ大きさのドット模様を16個絞る。

09

ドライストロベリーでつくった山の傾斜にメッセージ入りのクッキーを飾る。テイクアウト時は平らにしたストロベリーの上に袋に入れたクッキーをねかせて提供。

アイシングでデザインしたクッキーがアクセントに！

「ル・カフェ・マミィ」では
デコレーションクッキーのギフトも人気です！

バター、グラニュー糖、卵、薄力粉でつくる「サブレ・パリジャン」など、約10種類がそろうフールセックはギフトとしても人気。とくに、サブレ・パリジャンにアイシングやチョコレートでデコレーションをほどこした「クチュールクッキー」は、雑貨と組み合わせて購入するお客も多い商品だ。「クッキー自体をおいしく食べてもらうため、全面にべったり色づけするデザインは避け、原色を使わない」のがクッキーデコレーションの基本。「サンキュー」などの定番や季節限定品がそろうクチュールクッキーのほか、ハイヒール、花、アルファベットなど、形の楽しいデコレーションクッキーもとりそろえる。名入れやオリジナルデザインのオーダーも可能だ。

お花サブレ

ハイヒールサブレ

クチュールクッキー

ジンジャークッキー

緑茶クッキー

ミニハート型サブレ

プレーン&チョコチップクッキー

サブレ・パリジャン・カカオ

サブレ・パリジャン・プレーン

フランス

スモーキーな色合いで描いたパリ風の絵柄に、フランス語のメッセージをひと言添えた2011年の新シリーズ。

テーマごとに
デザインいろいろ。
記念日を演出する
クチュール
クッキー

サンキュー

感謝の言葉と花やリボンなどを組み合わせたシンプルでかわいいデザイン。雑貨とセットで購入するお客も。

バースデー

おもちゃの車、ワイングラス、ケーキ、ドレスなど図柄が豊富。読みやすい書体で書いたメッセージが好評だ。

ウェディング

ブーケやウェディングケーキ、花嫁衣装などを白のアイシングでデザイン。引き菓子としても人気が高い。

「ニューヨーク カップケーキ」の カップケーキデザイン

もとはアメリカの家庭の菓子だったカップケーキですが、見た目のかわいらしさとカジュアルさが受けて、日本でも専門店が登場しています。「ニューヨーク カップケーキ」は、日本人の繊細な感性と、自然なおいしさを前面に出した商品づくりで人気です。

砂糖の量を極力控え、目でも舌でもおいしいケーキにしています!

オーナーの佐々木香里さん。2006年に観光で訪れたアメリカでカップケーキと出合い、その魅力に開眼。カリフォルニア・バークレーのカップケーキ専門店でレシピを学び、07年7月、夫と2人で東京・明大前に「ニューヨーク カップケーキ」を開業。

洗練されたデザインのカップケーキが並ぶ「ニューヨーク カップケーキ」は、佐々木香里さんが営むカップケーキ専門店。佐々木さんは、アメリカ旅行中に出合ったカップケーキにほれ込み、専業主婦からの開業を実現。現地にあるような、「カラフルなケーキがおもちゃ箱のように並ぶ、楽しい空間」をテーマに、色とりどりのカップケーキを販売している。

カップケーキは店頭販売の10品に加え、「ウェディング」や「パーティー」、子ども向けの「キッズパーティー」など、用途に応じてオーダーメイドにも対応。飛行機や車など子どもが喜ぶ飾りをシュガークラフトでつくり、デコレーションにバリエーションを出している。さらに、全国配送にも対応できるよう、表面をチョコレートでコーティングしたり、個別包装用のパッケージも考案。「ギフトでは、"壊れないこと"が絶対条件。そのため飾りを小さくしたり、割れにくい形の飾りを選んだりしています」と佐々木さん。

アメリカのカップケーキ専門店では絞り袋を使わないデコレーションが主流だが、同店のクリームは日本人向けに現地よりもずっとやわらかくしているため、絞り袋を使用。生のフルーツがのったケーキを好む日本人の嗜好に合わせ、フルーツも飾りにとり入れている。また、健康面にも配慮し、クリームには着色料を使わず、フルーツなどで色づけしているのも特徴だ。イースターやハロウィンといったイベントごとに飾りやクリームを変え、「カップケーキツリー」の台の貸し出しも行なうなど、現地の菓子文化を伝える店づくりを行なっている。

右／ピンクをテーマカラーにしたかわいらしい店舗。テイクアウトのみで約10種類のカップケーキを販売。下／アメリカンスタイルのマフィンやスコーンも、ケーキスタンドに並べて販売している。

チョコレートコーティングの商品はアメリカではめずらしく、形をくずさずに持ち帰れるようにと佐々木さんが開発。蓋つきの容器に入れて、ちょっとしたプレゼントにも。ウェディング用は、オーガンジーで包んで上品に。

ストロベリー

プレーンのカップケーキに、バタークリームに自家製イチゴピュレを加えてつくるイチゴクリームをトッピング。かわいらしい色合いで一番人気。

ラズベリー

チョコレートと相性のよいラズベリーをバタークリームと合わせ、チョコレートのカップケーキに絞った。黒とピンクを組み合わせた大胆な色使い。

ブルーベリーレモン

ブルーベリーホールを入れたプレーンのカップケーキに、レモン果汁を加えたバタークリームを合わせた。アメリカではポピュラーな組合せ。

バナナキャラメル

シナモンで風味をつけたバナナとクルミ入りのプレーン生地に、ほろ苦いキャラメルクリーム。キャラメリゼしたアーモンドをのせ、カリッとした食感をプラス。

チョコレート

アメリカ・ギラデリ社のチョコレートをたっぷり入れて焼き上げた生地の表面を、チョコレートでおおった。キラキラの銀粉はクリスマスのデコレーションにも。

アールグレイ

アールグレイの茶葉を入れた生地を、ホワイトチョコレートでコーティングした、ミルクティーのような味わいのケーキ。淡いピンクの飾りでやわらかい雰囲気に。

カシスオレンジ

カットした表面の生地を立体的にあしらい、斬新な見た目に。日本人向けにバタークリームの代わりに生クリームを使い、オレンジコンフィをトッピング。

グリーンティー

カップケーキの表面をカットし、抹茶入りバタークリームをハンバーガーのようにサンド。ほろ苦いチョコレートと抹茶の組合せで、とくに男性に人気。

マシュマロ

マシュマロクリームを絞り、チョコレートでコーティングしたポップなデコレーション。ケーキの中にもチョコレートのクリームをしのばせ、サプライズを演出。

「カップケーキ」の
デコレーションテクニックをチェック！

「ニューヨーク カップケーキ」では、飾りに使うシュガークラフトも手づくりしている。粉糖と水を練り、麺棒でのばして型抜きし、1週間ほど乾かして完成。

ストロベリー

01

生のイチゴをつぶしてグランマルニエで風味づけした自家製ピュレを、ミキサーでバタークリームと合わせてイチゴクリームをつくる。

02

着色料を使わず、自家製ピュレでイチゴの色を出す。粒の食感を出せるのも自家製ピュレならでは。

03

星型の口金をつけた絞り袋にイチゴクリームを入れ、カップケーキの表面に絞る。

04

シュガークラフトの花を飾る。飛行機や動物などのシュガークラフトを飾れば子ども向けのデザインに。

チョコレート

01

コーティング用チョコレートを湯煎で溶かす。

02

カップケーキのふくらんだ上面の部分だけを、溶かしたチョコレートに浸け、そのまま引き上げて余分なチョコレートを落とす。

03

銀粉をふって華やかさを出す。銀粉は片側のみふって上品な印象に。

04

チョコレートが乾かないうちに、アラザンで飾った花と蝶のシュガークラフトをのせる。

カシスオレンジ

01

カップケーキの上部をカットし、中の生地をナイフでくり抜く。

02

泡立てた生クリームにカシスピュレを加えてカシスクリームをつくり、カップケーキの中に絞る。

03

ブルーベリーのシロップ漬けを数粒のせ、上から泡立てた生クリームを絞る。

04

切りとった生地をクリームに立てかけ、粉糖をふり、オレンジのコンフィと花のシュガークラフトを飾る。

カップケーキツリー

アメリカの家庭では、カップケーキを専用の台に並べた「カップケーキツリー」で誕生日を祝うことが多い。ケーキをカットする必要がないので、パーティーの定番にもなっている。台のサイズやデザインも多種多様。

「マイルストーン」の
立体デコレーションケーキに注目！

岡山・備前市の老舗和菓子店の洋菓子ブランドによる、キュートな立体デコレーションケーキが、ネット通販で人気沸騰中！　まるでぬいぐるみのように愛くるしい「パンダ」や「ベイビーベアー」、ケーキでドレスを表現した「プリンセス」のデコレーションテクニックを紹介します。

㈲福井堂のプロデューサー、アダム・クリストファー・マクドナルドさん。現社長、マクドナルド吉延洋子さんとカナダで知り合い、1995年に来日。レストランビジネスのノウハウを学んでいたキャリアを生かし、独自の発想で洋菓子ブランド「マイルストーン」の商品開発を推進中。

マイルストーン パンダ

ちょこんと座った姿、ぽってりとしたおなかがかわいらしい「パンダ」。座高約22cm、横幅26cm、体の厚み15cmの立体形。土台はチョコチップ入りのチョコレートスポンジ生地を型で焼いたもので、表面に白、こげ茶、淡い茶色の3色のクリームを絞ってこの姿になる。「ベイビーベアー」も、サイズ、スポンジ生地は同じ。

まるでぬいぐるみ!? ネット通販で大人気のパンダとベアー

クマの毛並をクリームで表現。細い星型の口金で、生地の表面にクリームを埋め込むように、ていねいに絞る。クリームがピンと立つように絞るのがポイントだ。

後ろ姿もキュート!

足の裏の肉球部分だけは、ほかと違う絞りかたに。下から上に向かってクリームを絞り、ニュアンスに差をつけている。

マイルストーン ベイビーベアー

パンダやクマの、かわいい立体デコレーションケーキは、「マイルストーン」の人気商品。マイルストーンは、岡山県備前市に本店をおく和菓子店「福井堂」の洋菓子ブランドだ。マイルストーンの立体デコレーションケーキは、同ブランドのプロデューサー、アダム・クリストファー・マクドナルドさんの出身地カナダと、日本のケーキのそれぞれすぐれている点を融合させて生まれたもの。カナダで人気のある、カラフルなアイシングをほどこしたマフィンやカップケーキからヒントを得て、誰が見ても「かわいい！」と思うケーキの色使いやモチーフを考案。しかし、アイシングのデコレーションでは甘すぎて日本人の嗜好には合わないため、生クリームを使って「パンダ」や「ベイビーベアー」、「プリンセス」などのデコレーションケーキを開発した。

これらはいずれもスポンジ生地を立体型に流して焼き、表面に生クリームやガナッシュを絞って仕上げている。絞りはすべて“手絞り”で、たとえばパンダは1台仕上げるのに約1時間、何千回も絞ってようやくでき上がる。とてつもなく手間のかかる作業だが、「楽天市場」の通販サイトで販売をはじめてから、マスコミにもたびたび登場して徐々に人気を集め、現在は1日80台を製造するほどに。お客の購入動機は、誕生日や子どもの日、家族の記念日などが多く、クリスマスには5000台を販売したこともあるという。企業からコラボレーション製作を依頼されることも多く、阪神タイガースの虎キャラクター「トラッキー」のケーキの販売も行なっている。

パンダは3種類のクリームを絞るので、クリームごとに段階を分けて、作業を進める。絞りの作業自体は単純だが、クリームのやわらかさを確認しながらピンとツノを立てるなど、絞り手の熟練度が決め手となる。

「マイルストーン パンダ」の
デコレーションテクニックをチェック！

土台はチョコレートスポンジ生地で、チョコチップ入り。カットのしかたは食べ手しだい。生地にボリュームがあるので、チョコチップの食感と味がアクセントに。

01

厚めの紙製シートにチョコレートスポンジ生地を固定する。このシートごと回転台にのせて、クリームを絞って仕上げる。

02

生クリームとガナッシュを合わせた淡い茶色のクリームを使い、足の裏の肉球部分を下から上に向かって絞る。

03

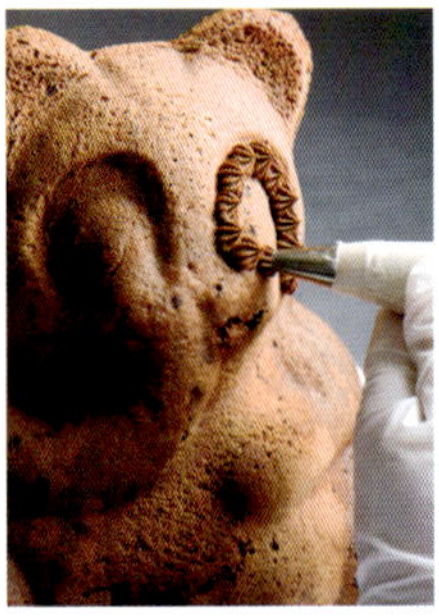

茶色のクリーム（ガナッシュ）で目のまわりを絞る。

04

鼻の部分を絞ったあと、左耳、右耳を絞る。絞る順番はとくに決まりはなく、絞り手にまかされている。

05

背面の首まわりに2列、そのまま左腕、右腕、そして台座との接点を埋めつつ、右脚、左脚の順に絞る。これで、ガナッシュの絞りが終了。

06

白い生クリームで胴体を絞る。丸いしっぽは重ねて絞って立体的に。口金を、つねに絞る面に対して垂直にあて、一定のリズムで均一に絞っていく。

07

首まわり、顔、頭の後ろへ。すべての生地がクリームで見えなくなったら終了。丸く成形したチョコレートシート（直径8㎜）を目として接着すれば、パンダの完成。

08

紙製シートごとケーキボックスに入れ、シートを固定して冷凍配送。ケーキボックスは、ケーキのサイズに合わせて、高さがあるものを特注。

01

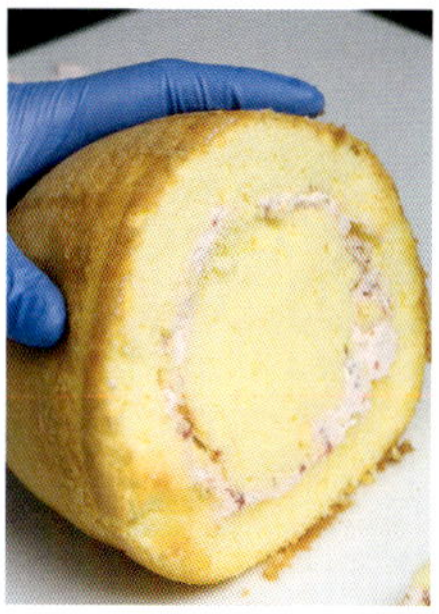

ドーム形に焼いたスポンジ生地にシロップをしみ込ませてから、底側をナイフでくり抜き、イチゴのコンポートを混ぜた生クリームをたっぷりとぬって、生地を戻す。

02

紙製シートに固定して、回転台にのせる。生クリームとイチゴソースを混ぜた淡いピンク色のクリームをつくり、パレットナイフで全体に薄くぬり広げる。

03

同じピンク色のクリームで、ドレスのひだをつくる。土台の下（ドレスの裾）部分にサントノーレ用の口金をあて、手を細かく前後に動かし、ひだ状に絞る。

04

回転台をまわしながら、口金を気持ち上下させるようにしてクリームを絞り、ドレスのドレープを描く。

「マイルストーン プリンセス」のデコレーションテクニックをチェック！

美しくて上品なドレスのひだが印象的！

マイルストーン プリンセス

淡いピンクの華やかなドレスをまとった「プリンセス」は、女の子の誕生日などに人気。優雅なドレスのひだは、イチゴ風味のクリームをサントノーレ用の口金で絞って表現。ドレス部分のドーム形のスポンジ生地の中にもイチゴ風味のクリームが仕込んであり、見た目のユニークさだけでなく、おいしさも追求している。仕上げに星形の金箔をふって、ケーキボックスに。シュガー細工のプリンセスの胴部を別添えにして配送。

13

「鎌倉ニュージャーマン」の

数字の形のオーダーメイドケーキ

1968年創業の、神奈川・鎌倉の老舗洋菓子店「鎌倉ニュージャーマン」。同店で人気を集めているのが、0から9まで10種類の数字をかたどったデコレーションケーキ「鎌倉かぞえ唄」です。1990年の発売以来、デザインのリニューアルをくり返しながら、"記念日のケーキ"として定着しています。

チョコバタークリームで絞り出したノスタルジックなバラ。モダンでシンプルなデザインのなかにあると、かえって新鮮な印象に。

ケーキ側面の手前半分に、ローストしたアーモンドダイスをまぶして、食感のアクセントに。デザインだけでなく、味にもこだわる。

神奈川県鎌倉市に本店をおき、神奈川や東京を中心に、路面店や百貨店内でショップを展開する「鎌倉ニュージャーマン」。同店の看板商品といえば、ふわふわのスポンジ生地にさまざまなフレーバーのカスタードクリームを詰めた「かまくらカスター」だが、手の込んだデコレーションケーキも名物の1つだ。とりわけ人気が高いのが、オーダーメイドケーキの「鎌倉かぞえ唄」。0から9の数字の形にカットしたスポンジ生地を、パイピングやマジパン、フルーツなどで飾ったデコレーションケーキだ。

ベースとなる数字の形と同様、デザインのパターンも10種類を用意。お客はオーダーしたい数字を決め、デコレーションパターンから好みのデコレーションをチョイス。またスポンジ生地は、「ホワイト（プレーン）」と「チョコレート」のどちらかを選ぶことができ、クリームは、「生クリーム」と「チョコ生クリーム」のいずれかを選択。「バタークリーム」はお客の要望により対応している。バラの花の絞りや、マジパンやチョコレートで形づくったメッセージプレート、色鮮やかなフルーツなどが、ケーキに華やかさを添える。

記念日や記念の数字をそのままケーキにする鎌倉かぞえ唄は、誕生日や結婚記念日、出産祝い、七五三などのお祝いに最適。また、ホームパーティーや趣味の集まりを頻繁に開くお客にも人気があるという。

鎌倉かぞえ唄

数字の形のデコレーションケーキで記念日を演出。ケーキの形は0〜9の10種類、デコレーションパターンも10種類あり、好みの数字とデザインを組み合わせてオーダーできる。写真の「0」はチョコレートスポンジとチョコ生クリームの組合せで、バラの絞りとハート形チョコプレートで飾ったモダンなデザイン。「5」はホワイトスポンジと生クリームで、幅広い層に人気があるフルーツがのったデザイン。サイズはスモール（4〜5人分）とラージ（7〜8人分）を用意。

チョコ生クリームでコーティングされたケーキの表面には、「KAMAKURA NEW GERMAN」の文字が入ったチョコレートプレート。

ピンクと白のマジパンを重ねたプレートに、チョコレートクリームで「Happy Birthday」。名前やメッセージを指定することもできる。

生クリームでコーティングしたケーキの裾部分に、星口金でクリームを絞ってボリュームアップ。上面の縁どりは丸口金で絞り出したドット。

フレッシュなイチゴ、キウイ、オレンジを、ナパージュでつやがけ。彩りよく3色のフルーツで飾った、人気デザインの1つ。

クラシックとモダンの融合
パリのアントルメ＆プチガトー

パリのパティスリーは、古典菓子の伝統的なスタイルを継承しながらも、時代とともに、味とデザインの両面で進化しています。新店も続々と誕生し、新しいフレーバー、斬新なデザインのケーキを提案。進化を続ける老舗と、話題の最新店のユニークなケーキを紹介します。

1802年に開業したパリ本店。パティスリーのほか、パンやチョコレート、デリも扱う高級食料品店だ。代々通う常連客も多い。パリにはほかに7店舗を展開。

ショーケースに並ぶプチガトー。アントルメとともに、年2回、コレクションを発表しており、2011年春夏のテーマは「花とフルーツ」。すべてのケーキに店名入りのチョコレートをのせている。

クリステル・ベルナルデさん（右）は、「オペラ」を開発した祖父、母から2001年、兄とともに会社を継いだ。ヤン・ブリスさん（左）は、2011年にM.O.F.（フランス最優秀職人章）受章。

ダロワイヨ
Dalloyau

素材のフレッシュ感を水玉模様で表現。デザインにも注力する老舗パティスリー

「オペラ」を開発したことでも知られる「ダロワイヨ」の歴史は、シャルル・ダロワイヨがルイ14世に仕えていた1682年にさかのぼる。同店は、文字通りフランスの歴史と伝統を担う菓子をつくり続けながら、同時に、新たなデザインで伝統菓子を見直したり、四角いシュー「シューキューブ」や、日本のゼリーにインスピレーションを得たというフルーツデザートなど、新コンセプトも提案し続けてきた。

「お客さまに驚きと感動を提供することが私たちの仕事です。最高の味であることはもちろんですが、ビジュアルも分けて考えることはできません」とクリステル・ベルナルデ社長は話す。7年前からクリエーション・ディレクターを務めるヤン・ブリスさんらとともにトレンドを研究し、年2回のコレクションをつくり上げる。

2011年の春夏コレクションのテーマは、「花とフルーツ」。さわやかさと華やかさは、旬の素材の味だけでなく、赤やオレンジのポップな水玉のデザインなどでも表現。夏にあえて提案するチョコレートケーキ「シュール・アン・エール・ドゥ・ショコラ」は、表面に輝くパール模様が、涼しさをよぶ。伝統菓子は大きくデザインを変えにくいが、レシピを見直す際に、デザインも再考するそう。ルリジューズも、驚きの6人用を発表するなど、味覚だけでなく、五感すべてを刺激するケーキがそろう。

フレジエ・ダロワイヨ
Fraisier Dalloyau

ベルナルデさんの祖父が大好きだったという「フレジエ」は、これまでも数回、デザインが変わっている。2011年版は、ピスタチオのバタークリームを表面にぬり、赤に着色した丸いチョコレートを置いて水玉模様に。その下は、アーモンド風味のジェノワーズ、キルシュで軽く風味づけしたブルボンバニラのクリーム、イチゴ。

バブル・ペッシュ
Bubble Pêche

おだやかな甘さが広がる、白桃とアプリコットのケーキ。アプリコットはジェノワーズと真ん中にはさんだジュレに、白桃はクリームに使用している。表面にバタークリームをぬり、赤とオレンジ色に着色した極薄の円形のチョコレートをのせ、シロップをぬる。1960年代のレトロな雰囲気もただよう、ポップで陽気なデコレーション。

デリス・デュ・シェフ
Délice du Chef

1981年から発表している「シェフの喜び」という名のアントルメは、旬のフルーツとバニラの組合せ。2011年の春夏は、バニラとキルシュで風味づけしたジェノワーズとブルボンバニラのクリーム、生のイチゴというシンプルな構成。周囲に巻いたピンク色のビスキュイ・ジョコンドが、シンプルなケーキをフェミニンに演出する。

ルージュ・デ・ボワ
Rouge des Bois

甘ずっぱい野イチゴを使った2011年の新作。生の野イチゴとそのジュレを、濃厚なマスカルポーネチーズのクリーム、ジャンドゥージャのサブレと組み合わせ、レモンのコンポートを加えてフレッシュな食感をプラスしている。緑色のビスキュイ・ジョコンドでおおい、緑深い森の中に隠れた野イチゴをイメージ。

プチガトーは、アントルメになっているものを含めて20種類ほど。新作のマカロン菓子や、ストローで“飲む”「フレジエ」もある。

シュール・アン・エール・ドゥ・ショコラ
Sur un Air de Chocolat

「夏でもおいしく食べられるさわやかなチョコレートケーキ」をコンセプトにつくられた新作。カカオとカソナード入りのしっとりしたビスキュイに、マスカルポーネチーズのクリームやチョコレートのプレートなどを重ねた。力強く軽い酸味のあるベネズエラ産チョコレートと、ライスクリスピーの食感で、軽やかな味わいのケーキに。

マスカルポーネチーズを加えたクリームを、ビスキュイの縁の部分に絞る。

ビスキュイに合わせてカットした薄いチョコレートをのせる。カカオ分70%で、酸味のあるベネズエラ産。

ジャンドゥージャ、ライスクリスピー、クレーム・アングレーズ入りチョコレートクリームで中を埋める。

ふたたびマスカルポーネチーズのクリームで全体をおおう。

ビスキュイにチョコレートをスプレーで吹きつけ、絞り袋でシロップをかける。

ビスキュイを重ねて完成。時間が経つとチョコレートの油脂分とシロップが分離し、シロップがパール状に。

サントノレ・シャンティイ
Saint-Honoré Chantilly

パート・ブリゼとシュー生地を重ねた土台に、ブルボンバニラのシャンティイを詰め、キャラメリゼしたシューで囲む。シブーストクリームをたっぷり波のように絞り、華やかに仕上げた。

ルリジューズ・ドゥ・レーヴ
Religieuse de Rêve®
au Chocolat

「食べきれないと思えるほどケーキが大きく見えた子どものときの気持ちを、また味わいたい」というベルナルデさんのレーヴ（夢）から2005年に誕生。巨大なシュー生地がクリームの湿気に耐えられるよう、1年をかけて研究。特注の型で生地を焼いている。

アーモンドクリームをぬったパート・シュクレの上にリング状の大きなシューをのせ、小さなシューを重ねる。シューの中は、チョコレートクリーム。2つのシューの合わせ目とてっぺんにキャラメル風味のクリームを絞る。

カフェ プーシキン
Café Pouchkine

ロシアの人気店がパリに上陸。
可憐で繊細なデコレーションに注目!

つやのある白黒の床と大理石風の壁に包まれた「カフェ プーシキン」。ショーケースに並ぶケーキも、シルバーやゴールドのパウダーで色をつけたり、チョコレートのリボンやバラの花びら、ジュエリーに見立てたアメを飾ったり、輝きと甘い雰囲気に満ちている。

同店は1999年、ロシアの詩人アレクサンドル・プーシキンの生誕200周年を記念して、モスクワにオープン。2010年7月にパリ店がオープンした。クリエーションを担当しているのは、フランス人シェフのエマニュエル・リヨンさん。フランスとロシアの素材と技術を融合させ、ロシアの伝統菓子をより洗練されたものにすることは、挑戦でもあったそう。「ロシアではシンプルな菓子よりも、女性的な飾りをほどこした、大きめの菓子が好まれます。シルバーのパウダーもよく使いますね」と話す。

シルバーパウダーを吹きつけて仕上げたブリオッシュの「クリッチ」や、バラの花びらを飾った「フェイジョア」、チョコレートのリボンをかけた「ヴォワイヤージュ・デュ・ツァー」、真っ白なチョコレートでおおった「フリュイ・ドゥ・ダチャ」など、同店の商品はフランスのケーキに比べて装飾的で形もさまざま。ケシの実、フレッシュチーズの「トヴォログ」、ハチミツといったロシアの素材を使い、異なる味と食感を何層にも重ねているのも特徴だ。フランスとロシアの融合菓子は、多彩な色や飾りにあふれている。

プランタン百貨店のモード館に出店。内装は、18世紀のロシア帝国時代の雰囲気を再現したモスクワ本店を踏襲。イートインは6席ほど。

クロエ
Chloé

チョコレートの花飾りをのせた、コーヒー風味のケーキ。チョコレートのビスキュイに、やや固めのキャラメルとコーヒーのクリーム、軽いコーヒー風味のクリーム、カリッとした食感のヘーゼルナッツを重ねて、グラサージュでコーティング。土台になっているのは、さっくり軽いサブレ・ヴィエノワで、シルバーパウダーがかかっている。

ショーウィンドーに並ぶアントルメの数々。チョコレートのリボンを飾ったケシの実のケーキ「ヴォワイヤージュ・デュ・ツァー」、ホワイトチョコレートのボックスでおおった「フリュイ・ドゥ・ダチャ」など。

シェフのエマニュエル・リヨンさん。1999年のクープ・デュ・モンド優勝チームの一員で、M.O.F.グラシエ(氷菓職人)。2006年、「カフェ プーシキン」のパティスリー部門開設時より責任者を務めている。

ルレ・パヴォ・フリュイ・ルージュ
Roulé Pavot Fruits Rouges

ロシアでよく使われるケシの実を生地に使ったロールケーキ。ブルボンバニラ風味のビスキュイに、赤いフルーツのジュレ、ロシアのフレッシュチーズ「トヴォログ」のクリームを巻き込んでいる。飾りは、生のイチゴとフランボワーズ、バニラのさや、ホワイトチョコレート、金箔。色彩のコントラストも鮮やか。

フェイジョア
Feijoa

野イチゴやミントを思わせる風味のフェイジョアは、ロシアでポプュラーなフルーツ。イチゴとハイビスカスの２種類のジュレにフェイジョアを加え、アーモンド風味のビスキュイと層にして、さわやかなケーキに。バラの花びらやイチゴ風味の薄いビスキュイ、チョコレートなどを飾って。

ババ・スタニスラス
Baba Stanislas

定番菓子の「ババ・オ・ラム」を、新たな形で提案。複数のスパイスとラム酒などのアルコールを加えた発酵生地に、ラム酒とココナッツ風味のバニラクリームを入れ、パート・フィロでつくった器にのせる。仕上げの飾りは、生地に使用しているスターアニスとシナモン、バニラのさや。

クリッチ
Koulitch

ブリオッシュもキラキラしたシルバー色でイメージチェンジ。フルーツコンフィを混ぜた生地は、パネトーネとケーク生地の中間のような食感。上面にアイシングをかけ、フルーツコンフィをのせ、シルバーパウダーを吹きつける。ロシアではイースターに食べられるが、パリでは定番商品として販売している。

シャルロット・アンペリアル
Charlotte Impériale

パンナコッタ風のバニラクリームと、固めに仕上げたイチゴのジュレを、ほのかにキャラメルの風味をつけたピンク色のビスキュイで包んだシャルロット。可憐な模様をほどこしたホワイトチョコレートと、アメでつくった真っ赤な宝石で、「アンペリアル（皇帝の）」という名がふさわしい、豪華なアントルメに。

エクレール・トヴォログ
Eclaire Tvorog

バニラやチョコレートのクラシックなエクレアに加え、2011年春に発表した新作は、シルバーのトヴォログ（チーズ）風味。固めのトヴォログクリームと、やわらかいバニラクリームが入っている。シュー生地にクランブルをかけてシルバーパウダーを吹きつけ、アイシングを絞り、スイートチョコレートと砂糖細工の花をつけたホワイトチョコレート、銀箔をのせて完成。

左／プチガトーは計24種類。右／カラフルなデザインのマカロンは、バニラやヘーゼルナッツなど定番のフレーバーのほか、牛乳のコンフィチュールやソバのハチミツを使った、ロシア独特の風味のものもある。

カラフルでキュート!

ニューヨークのデコレーション

パーティー好きなニューヨーカー。結婚式、誕生日などのパーティーでは、デコレーションケーキが欠かせません。ビビッドな色使いのバタークリームのケーキや、さまざまなモチーフを形にしたシュガー細工など、ニューヨークならではのユニークなデコレーションを紹介します。

店名は働き者の雌鶏が登場する絵本のタイトルから。イートイン席を併設した店内には、お客から贈られた鶏の小物が並ぶ。

スタッフは若い女性が中心。手前に座っている女性は、デコレーションを担当する、デコレーターのケアリー・マディンさん。同店には、彼女を含め4人のデコレーターがいる。

トゥー リトル レッド ヘンズ

Two Little Red Hens

アメリカンケーキの人気店は デコレーションケーキも評判

アッパーイーストサイドの2番街にあるケーキショップ「トゥー リトル レッド ヘンズ」は、店構えこそ小さいが、つねに雑誌やメディアが企画するスイーツランキングで上位に選ばれる人気店だ。創業は1992年。オーナーのクリスティーナ・ウィンクラーさんが友人と2人でブルックリンに店をオープンしたのがはじまりで、2001年にマンハッタンに出店した。

チーズケーキやカップケーキなどのアメリカンケーキが評判の店だが、オーダーメイドのカラフルなデコレーションケーキも注目を集めている。オーダーメイドケーキは、6インチサイズ(直径 約15㎝)から、120人分のウェディングケーキまで製造。結婚式やイベントの多い5月や6月は、1日50台つくることもあるという。

ベースのケーキは、クラッシックなバニラバターケーキやレッドベルベットケーキなど10種類から選択。フィリングも、ムース、ファッジ、ジャムなど22種類から選ぶことができ、ケーキの上がけも、チョコレートグレーズや、アーモンドやアプリコットなどのフレーバーをつけたバタークリームなど18種類のなかから好みのものを選べる。デコレーションケーキは花をデザインしたものが人気。お客は3色、3種類まで花を選ぶことができる。

桜をデザインしたチョコレートケーキ。側面からのびるチョコレートクリームの枝に、ピンク色のバタークリームで花を絞る。

ケーキの上面いっぱいに花開いたヒマワリ。細かな穴のあいた口金で隙間なくクリームを絞って、ヒマワリの種を表現。

バタークリームのバラ、藤、インパチェンスを立体的にデコレーション。お客は3色、3種類の花を選べる。

フレーバーのついたバタークリームに色をつける。

緑色のバタークリームで葉を絞る。

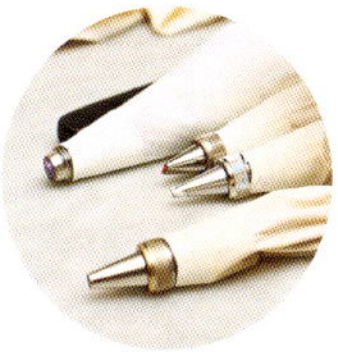

口金も多種類を用意。デザインに合わせて使い分けている。

バタークリームでつくるバラ。1枚1枚花びらを重ねていく。

クリームを小高く絞ってバラをのせ、フォーカルポイントに。

紫色のバタークリームで藤を絞り、白色でインパチェンスを絞る。

全体の色のバランスをみながら、側面にもアクセントをつける。

鮮やかなオレンジ色の蓮がインパクト大。蓮の花びらは外側から内側へ絞っていく。

濃淡3色の青を組み合わせた。上面から側面に流れるような藤が印象的。

白を基調に、キャラメルファッジのドットとラインで、かわいらしくデザイン。

人気の高いデイジーをケーキの上面の縁にデコレーション。カラフルな仕上げに。

ニューヨークの"ケーキトッパー"に注目!

ミミカフェ ユニオン
Mimicafe Union

オリジナルのケーキトッパーをインターネットで販売する

2010年にケーキトッパーのネットショップを立ち上げたサチコ・ウィンビルさん。石川県出身で短期大学卒業後、カフェ、レストランなどで働き、2008年に渡米。ケーキショップ「ハウ スイート イット イズ」に勤務したのち、独立。

ウィンビルさんの仕事道具。食紅、細工用スティック、眉毛用ハサミ、シュガーペーストの固さを調節するコーンスターチなど。ケーキトッパーの製作はこの小さな作業台で。

旅先のシカゴで、いままでに見たことがないクリエイティブなデコレーションケーキを見て、「やりたかったのはこれだ!」と直感したサチコ・ウィンビルさん。2008年、ニューヨークの料理学校に進学し、オーダーメイドケーキの専門店「ハウ スイート イット イズ」に入店。ここで製菓の基礎から、シュガーペーストを使ってつくる、花や人形などのケーキトッパー(ケーキを飾るシュガー細工)のつくりかたを学んだ。

2010年、ウィンビルさんは得意のケーキトッパーをメインに、インターネットショップを立ち上げた。特別感を演出する、誕生日や記念日のオーダーメイドケーキは、凝ったものになると数百ドルかかる。しかし、トッパーだけ注文し、ケーキは自宅で焼けば、リーズナブルにパーティーを盛り上げることができる。ウィンビルさんはこのニッチマーケットに目をつけた。

ウィンビルさんがつくるケーキトッパーは、どれも女性が喜びそうなかわいらしいデザイン。妖精や人魚などをモチーフにしたシュガー人形が、カップケーキやアントルメのデコレーションに人気だ。もちろん、ケーキトッパーのオーダーメイドも受けつけている。多いのは「パーティーの主役に似せてつくって」という注文。写真を見ながら、顔の表情からしぐさ、髪の毛の色まで忠実に再現するという。

カップケーキのクリームを泡に見立てた「バスタイム」。上半身、足、アヒルをセットで販売。

妖精や人魚をモチーフにした、メルヘンチックな人形が人気。

それぞれ異なる表情で聖歌を歌う聖歌隊。後ろのツリーはカードホルダー。

新芽がモチーフの「スイートスプラウト」。チョコレートケーキのクラムを土に見立てている。

愛らしい表情の女の子。腕や脚の細かいしぐさでかわいらしさを出す。

夏を連想させるカラフルなケーキトッパー。浮き輪、犬、人形のセット販売。イルカは別売り。

クッキー型で抜いた、イースターのウサギやヒヨコ、感謝祭の七面鳥など、季節のオーナメント。

衣服のドレープを表現するのに苦労した「自由の女神」。ユーモアあふれる表情に。

ファーマーズマーケットで見つけたサワーチェリーをモチーフに。

シュガーペーストに、爪楊枝でジェル状の食用色素を加えて着色。

シュガーペーストをよくもんで色をなじませる。

頭部の目の位置に、爪楊枝でくぼみをつける。

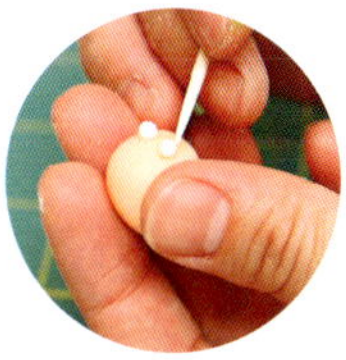

パスティヤージュ（シュガーペーストの一種）を、小さく丸めて目に。

スカートをつくる。細工用スティックで裾部分のひだをつくる。

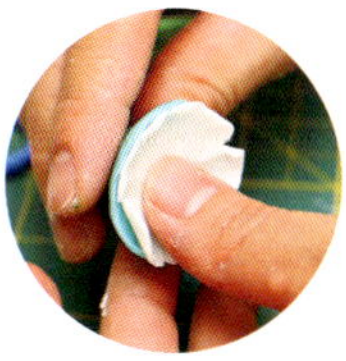

スカートの裏地をつくり、はめ込む。

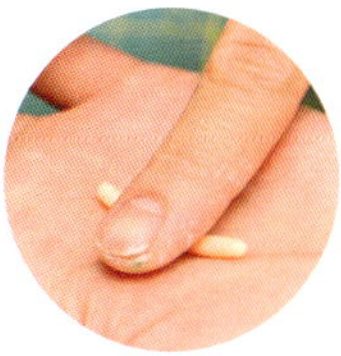

シュガーペーストで腕と脚をつくる。手の指は1本ずつ切り離す。

かわいらしさが出るポーズを工夫。爪楊枝で形をつくり、接着。

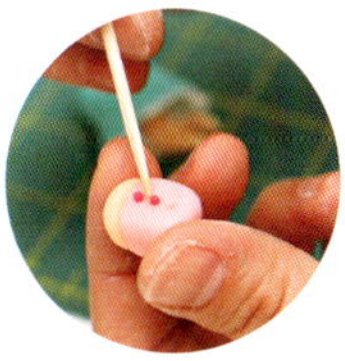

胴体部分に、パスティヤージュでつくったボタンをつける。

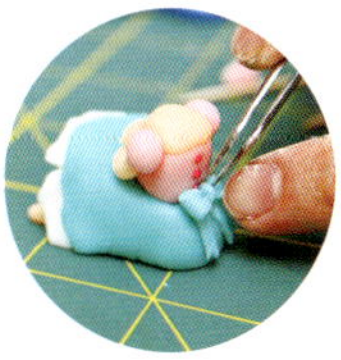

スカートと胴体を接着し、リボンをつける。

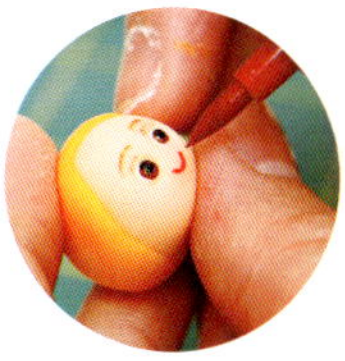

眉は茶色、目は茶色と黒の2色使い。口は食紅ペンを使う。

前髪をつける。髪の色でも印象が変わる。

頬紅も重要なポイント。少しさしただけで、表情が生き生きする。

細くのばしたシュガーペーストをねじって、お団子ヘアーに。

顔だけでなく、手足の動きでも表情が出る。

掲載店（教室）紹介

01 浦和ロイヤルパインズホテル ペストリーショップ「ラ・モーラ」

→p4掲載

埼玉県さいたま市浦和区仲町2-5-1　☎048-827-1161（直通）
営業時間／10時～20時
http://www.royalpines.co.jp/urawa/

ホテルの１階に位置するペストリーショップでは季節感あふれる約40種類の生菓子と自家製天然酵母パン約30種類を販売。71席の店内では、30種類以上のスイーツやサンドイッチなどがそろうデザートブッフェも開催している。

02 アニバーサリー 青山店

→p12掲載

東京都港区南青山6-1-3 コレッツィオーネ1F　☎03-3797-7894
営業時間／11時～19時　定休日／月曜（祝日の場合は翌火曜休み）
http://www.anniversary-web.co.jp/

約20種類の生菓子、50種類の焼き菓子を提供するほか、記念日を彩るオーダーメイドケーキも数多く手がける。東京・早稲田と北海道・札幌にも店舗を構えるほか、提携店として札幌に「ロリオリ」、東京・新宿に「L'OLIOLI 365」を展開。

03 パーラー ローレル

→p24掲載

東京都世田谷区奥沢7-24-3　☎ 03-3701-2420
営業時間／9時30分～20時
定休日／無休

1980年開業の、地域密着型のパティスリー。ショーケースに並ぶプチガトーやアントルメは、定番商品のほか、パイピングやアメ細工、マジパン細工で飾ったものも。オーダーメイドケーキのオーダーも多い。10席のカフェも併設。

04 レーブ ドゥ シェフ 名谷本店

→p30掲載

兵庫県神戸市垂水区名谷町321-1　☎078-708-5333
営業時間／10時～20時（カフェ L.O.19時）　定休日／無休
http://www.revedechef.co.jp/

西神戸の住宅街に開業して30年。地元密着の洋菓子店として、季節の生菓子から焼き菓子、アイスクリームまでバラエティー豊富にそろえ、幅広い層の支持を集める。個性的なマジパン細工が人気のバースデーケーキは月間100台前後を受注。

05 マミーシュガーアート

→p38掲載

東京都大田区西糀谷3-34-8 102
☎03-5705-3951
http://www.mammyhand.com/

教室開講・講師をめざす「レギュラーコース」と、趣味として楽しめる単発の「イレギュラーコース」の2本柱。授業は予約制で、自分のスケジュールに合わせて日時を選択できる。カップケーキや角砂糖のデコレーションの授業も好評。

06 ルワンジュ トウキョー

→p46掲載

東京都港区六本木4-5-7 1F　☎03-6447-0948
営業時間／10時～翌0時　定休日／無休
http://www.louange-tokyo.com/

2011年3月にオープン。「賛辞」をテーマに「愛する人へ贈るケーキ」を提案する。黒でコーディネートされた店内にはアート感覚あふれる数々のアントルメがそろう。デザイン性の高さと厳選素材を使った味わいの豊かさが話題をよんでいる。

07 菓子工房ルーヴ 空港通り店

→p54掲載

香川県高松市鹿角町290-1　0120-869-787
営業時間／9時30分～19時30分　定休日／無休
http://www.lowe.co.jp/

1978年創業。空港通り店は99年のオープンで、高松市街と高松空港を結ぶ幹線道路沿いに立地。店舗は約60坪で、売り場は生菓子、焼き菓子、ギフト商品、和菓子コーナーで構成。オーダーケーキに対応する打合せスペースもそなえている。

08 ラトリエ・ドゥ・マッサ

→p60掲載

兵庫県神戸市東灘区岡本4-4-7
☎078-413-5567
営業時間／10時30分～19時30分（カフェ L.O.18時30分）
定休日／火曜　http://latelier-massa.com/

閑静な住宅街、神戸・岡本の幹線道路に面して、2011年3月にオープン。フランスで学んだ素材使いと洗練されたデザインのケーキが注目を集めている。アニバーサリーケーキのほか、繊細なデコレーションのウェディングケーキも評判。

09 ラ・プティ・シェリー

→p64掲載

京都府京都市上京区新町通下立売角
☎075-451-2250
http://www.kanae-kobayashi.com/

小林かなえさんが講師を務める菓子教室。コース制が基本で、毎回1～2種類の菓子を1人1台ずつ製作。つくった菓子に合わせてお茶や食器を選ぶなど、菓子を食べるシーンをトータルでコーディネートして提案するのも、同教室の特徴。

10 ル・カフェ・マミィ

→p68掲載

東京都目黒区下目黒5-1-11　☎03-3716-1095
営業時間／9時～20時　定休日／水曜
http://www.le-cafemamie.com/

1994年開業。あたたかみのある店舗は20坪24席。スイーツは、手づくりの焼き菓子など約10種類を提供。美容と健康によい食材をとり入れた月替わりの「ビューティスイーツ」が女性客に好評だ。クッキーや雑貨の販売も行なっている。

11 ニューヨーク カップケーキ

→p74掲載

東京都世田谷区松原2-27-10 ☎03-3321-6485
営業時間／10時～19時、
土・日・祝日 10時～18時
定休日／水・木曜　http://www.cupcakes.jp/

ロサンゼルスの人気カップケーキ専門店「スプリンクルス カップケーキ」に感動し、カップケーキづくりを開始。現地のレシピにならいながらも砂糖の量を極力抑え、ショートニングやマーガリンを使わない、体にやさしい味づくりを実践。

12 福井堂　備前本店（マイルストーン）

→p78掲載

岡山県備前市西片上1293
☎0869-64-2061、0869-63-8753（問合せ専用）
営業時間／8時～19時、日曜 8時～18時　定休日／無休　http://www.fukuido.co.jp/

1871(明治4)年創業の老舗和菓子店。現在備前本店を含め、岡山、兵庫県内に8店舗を展開している。和菓子の製造販売と並行して、洋菓子ブランド「マイルストーン」も展開し、立体デコレーションケーキがネット通販で注目されている。

13 鎌倉ニュージャーマン 鎌倉雪ノ下本店

→p82掲載

神奈川県鎌倉市雪ノ下636-10　☎0467-22-0839
営業時間／9時～19時30分、日・祝日 9時～19時
定休日／無休　http://www.yougashi.co.jp/

1968年創業。神奈川・鎌倉に本店を構え、百貨店を中心に現在12店舗を展開。ふわふわのスポンジ生地にさまざまなフレーバーのカスタードクリームを詰めた「かまくらカスター」が看板商品。ユニークなデコレーションケーキも好評を得ている。

14 ダロワイヨ Dalloyau

→p84掲載

101, rue du Faubourg Saint-Honoré, 75008 Paris
☎01 42 99 90 00　営業時間／8時30分～21時
定休日／無休　http://www.dalloyau.fr/

フランス王家に仕えていたダロワイヨ家が1802年に開業した、フランスを代表する老舗パティスリー。高級食材の販売のほか、パーティー用のケータリングも行なう。サロン・ド・テも併設され、朝食やランチ、ティータイムに利用できる。

カフェ プーシキン Café Pouchkine

→p87掲載

64 Boulevard Haussmann, 75009 Paris
（プランタン モード館地上階）
☎01 42 82 50 00（代表）
営業時間／9時35分～20時、
木曜 9時35分～22時
定休日／日曜、祝日不定休

ロシアに本店を構え、「ロシアとフランスの食文化を融合させたパティスリー」がコンセプト。帝政ロシア時代、フランス人パティシエのアントナン・カレームの影響を受けて発展したロシア菓子を、より洗練された味とデザインで提供する。

15 トゥー リトル レッド ヘンズ Two Little Red Hens

→p90掲載

1652 Second Ave bet 85th & 86th St.
New York, NY, 10028　☎212-452-0476
営業時間／7時～20時、土曜 8時～20時、
日曜 8時～18時
定休日／無休　http://www.twolittleredhens.com/

アッパーイーストサイドに立地するカフェ併設のケーキ店。雑誌・メディアが企画するニューヨークのスイーツランキングでつねに上位に入る。チーズケーキ、カップケーキなどが人気。バタークリームを使った豪華なデコレーションケーキも有名。

ミミカフェ ユニオン Mimicafe Union

→p92掲載

http://web.me.com/mimicafeunion
/mimicafe_Union/Welcome.html
問合せ：mimicafeunion@me.com

サチコ・ウィンビルさんが立ち上げた、手づくりのケーキトッパー（ケーキを飾るシュガー細工）を販売するインターネットショップ。妖精や人魚などをモチーフにした、かわいらしいケーキトッパーが人気を集めている。

**ケーキ
デコレーションテクニック**
オーダーメイドのアニバーサリーケーキ

本書は、弊社発行の『café-sweets』
27号(2003年刊行)、51号(2005年刊行)、112号(2010年刊行)に
掲載した内容をもとに再構成し、追加取材を加え、編集したものです。

初版印刷	2011年9月1日
初版発行	2011年9月10日
編者	柴田書店 ©
発行者	土肥大介
発行所	株式会社 柴田書店
	東京都文京区湯島3-26-9 イヤサカビル 〒113-8477
	［営業部］03-5816-8282（問合せ）
	［編集部］03-5816-8260
	［URL］http://www.shibatashoten.co.jp
印刷・製本	大日本印刷株式会社
	ISBN978-4-388-06126-6

落丁、乱丁本はお取り替えいたします。
本書収録内容の無断掲載・複写（コピー）・引用・
データ配信等の行為は固く禁じます。
Printed in Japan